藝術與[illegible]的懷舊未來式

（李志銘）著

推薦語

「從書籍裝幀、黑膠軼事、展覽報導到書業走訪、時事評論，志銘將探尋的本事和敏銳的觸角發揮到全方位，寫出他對台灣的文化觀察，為這瞬息萬變的都市留下獨特的田調紀錄。」

台北「舊香居」吳卡密

「時間是檢視骨骼靈魂的強度，一百年後手上的紙本書正是一件藝術品。」

花蓮「一本書店」Miru

「熾熱的青春浪漫，在台灣島嶼來來去去的人們身上和土地上，烙印下痕跡，有深有淺，有時代精神也有普世情懷。時間流過，記憶刻痕仍在，青春的悔與無悔也還在，但現在的我們該以何種視角，重新看待這樣的青春印記？

我們很幸運地，得以在手指翻閱書頁的摩擦細聲中，在志銘的書中，沿著他具有理性顆粒感卻又飽滿色彩起伏的行行文字中，重返那一幕幕飛揚澎拜關於島嶼的歷史現場，追尋前人的青春，亦是映照自己的青春。

認真凝望過去，也是熱烈擁抱著未來——這本書不只是懷舊，不只是面向未來的過去，更是關於島嶼人們的未完成式。」

苗栗苑裡「掀海風」劉育育

「在任何時代，對書有深情之人，必在荊棘

之地，讓文字成冊，成不能抹滅的存在。對書有愛戀之心，必想敘說曾經的美麗燦爛，真實且誠懇地，讓你我憶起並感謝，這滋養心靈的盛宴。」

屏東「小陽日栽書屋」蔡依芸

「李志銘的這本《藝術與書的懷舊未來式》收入的都是近年發表的文章，其中有些曾在報章或網路上讀過，然而彙編成冊，更能看出整體觀照的面向。每一篇各有獨立主題，未必彼此相屬，但是都與台灣近百年來的出版、視覺藝術、音樂相關，因而有其一貫的主軸。對於年已半百的讀者如我，書中所述有我們走過的年代，既親切又陌生；也有更早的日治時代種種，陌生而新鮮。當李志銘聚焦探索的範圍，時間一拉長，許多紛雜的現象逐漸沉澱，歷史定位的輪廓也逐漸清晰。」

「台中古典音樂電台」主持人吳家恆

回顧原來是望前

這些年，懷舊成了一門好生意；無論是古早味食物、老專輯復刻黑膠、甚或是修復版經典電影，在適當運作下，都可成為文藝盛事。

老事物想招徠新顧客，需要新論述。大多數情況下，媒體宣傳看到的，大致上就是老物自身的簡史。這沒什麼不好，甚至可說商家已誠意十足。然而，我總是希望更多一點，希望找到老物重發的新意義。

於是，本書就成了懷舊風吹出新意的範式；無論舊書、舊藝，或者逐漸被遺忘的陳達、傳聰，甚至早被忘卻的李哲洋、呂炳川，經過作者細緻的史料考掘與詮釋，彷彿讓讀者重新找到遺失在時光縫隙裡的備忘錄。

果如書名，這是本寫給未來的懷舊書。」

爵士樂評人黎時潮

目次

序

朝向未來的懷舊

人們的懷舊情緒始終是一個謎。

近年來，台灣掀起一股懷舊風潮，舉凡照片、舊招牌、留聲機、錄音帶、柑仔店、冰果室、黑膠唱片行、鐵路餐廳等若干收藏古物相關店家，每每　許多愛好者趨之若鶩。順應這個趨勢，甚至藉由廣告、包裝和媒體行銷，進一步與商業市場結合，儼然形成了販售懷舊氣氛的一門新興產業，不僅滿足了熟齡世代對於往昔童年回憶的鄉愁寄託，同時亦是時下年輕人追逐流行的文化象徵之一。

根據 IFPI 國際唱片業協會統計，台灣黑膠銷量從二〇〇九年開始逐年成長，唱片公司紛紛陸續復刻鳳飛飛、鄧麗君、蘇芮、蔡琴、王傑、李壽全等上世紀八、九〇年代的經典專輯，至今發行量已成長超過十倍；在文學藝術領域，早年日治時期西川滿、立石鐵臣、宮田彌太郎等參與製作的限定版手製本，由於發行量甚少、裝幀與插畫極其漂亮華美，曾令藏書家為之迷戀不已，近來更是愈益頻繁出現在許多年輕世代藝文創作者的作品當中，比如二〇一八年視覺藝術家陳飛豪以西川滿為主題的紀錄短片《人間之星：重返華麗島》，以及台南版畫家暨插畫家洪福田致力於重現再造戰前台灣民俗圖像的水印木刻。

追根究底，英語中的「懷舊」（Nostalgia）一詞，源自「返鄉」（Nostos）和「懷想」（Algia）這兩個希臘詞彙，意指對於某個不再存在或從來沒有過的家園的嚮往。然而，對於戰後六、七年級生如我輩這一代台灣人而言，所謂「懷舊」，與其說是緬懷自己過去曾經擁有、如今卻逝去的美好事物或生活經驗，因而開始藉由各種尋求「復原」的行為來重建過去的年代，實際上反倒更像是一種想要逃　當下這個社會的某種投射情緒和心理狀態，並在探尋和形塑過去歷史傳統的過程當中，自我建構出對於腳下這塊土地的身份認同與文化價值。

想像中的過去，即是未來的現實

多年以來，早從學生時代便一直喜愛接觸、蒐藏各類舊書和黑膠老唱片的我，經常被暱稱「老靈魂」。包括日治時期明信片、西川滿的裝幀圖像、立石鐵臣的《台灣畫冊》、六〇年代藝文詩刊雜誌、台語電影海報、文夏與紀露霞的歌，諸如此類的老舊物件，總讓我愛不釋手。

嗜戀舊書的讀者都知道，人與書之間有些東西是回不來的：錯過的書緣、陪伴的時間、題簽的贈書、內頁的劃記、紙面的摺痕。就像你我都明白，逝去的時間永遠是無法重來的，這也加深了人們對過去美好年代的一種嚮往。

有趣的是，提及吾輩這一代人的懷舊意識，與上一代甚至上上一代長輩相較最大的不同，在於我們的懷舊情緒大多是從現存的歷史物件（比如舊書文獻、老照片）而不是由過去的實際生活經驗中得來。

換言之，在吾人心中的懷舊，並非真正重回自身經歷的舊時記憶，而是藉由老舊物件的媒介穿越時空，透過自我想像、追尋前人的青春歲月，乃至親近以往的歷史教育當中並不熟悉、也未曾見聞的另一種新事物，故有所謂「Old is the New Hip!」（舊即是新潮）之說。

回顧過去四百年來，台灣歷經多次的殖民統治，形成了島內歷史文化極大的斷層與混雜特質。許多年輕世代逐漸對於自身的語言、傳統、族群認同充滿了疑惑，而這樣的疑惑在當下的現實社會與制式教育體系中是很難得到解答的。因此，藉由探尋古早生活經驗與在地美學的某種想像式的懷舊，於是成為了建構自我歸屬和認同感的精神象徵。

綜觀這島嶼的歷史彷如一座舞台，島上各個時代的人們始終不斷來來去去，此間興起的文化美學流行風潮，乃至出版書物的閱讀形態也總是不停地輪迴變換。

關懷鄉土的青春浪漫

話說當今舉世吹襲的懷舊風和全球化的快速變遷息息相關，在現代社會的資訊爆炸與生活文化急遽變動的同時，逐漸也讓曾經有過不同地方特色的各個城市風貌千篇一律，於是藉由懷舊來重溫過去的美好。

倘若時間是一條河，人並不是一味往前看就能有進步的，偶爾也要向後看。因此每隔一段時間，我們總需回頭重新看待自身的歷史，並試圖探尋蘊藏其中形塑台灣地方風土特質的文化基因。

諸如上世紀六〇年代開啟本土音樂研究風潮的「民歌採集運動」，七〇年代倡議回歸土地、發掘民間藝術的「鄉土文化運動」，乃至過了五十年後的今天又一新的輪迴，藉由文化部自2017年起以前瞻基礎建設經費推動「重建台灣美術史」、「重建台灣音樂史」計畫，令我們重新看見了當年曾經被主流歷史遺忘的日治時期藝術家鹽月桃甫、立石鐵臣、陳澄波、林玉山、郭雪湖、陳進、黃土水，以及採集台灣原住民歌謠的民族音樂學先驅者呂炳川、李哲洋等。仔細觀照，他們幾乎無一不具有某種無可救藥的青春浪漫氣息。這當然不是說他們還很年輕，或是很懂得談情說愛，而是指從其行事風格和作品裡所流露出的一種人格特質——對土地、對人、對社會的關懷與疼惜，這些無疑也都是一種浪漫。

私以為，所有的舊書都是神秘的，承載了時間鐫刻與人為使用的痕跡，並且具有不完整和混亂的性質，就像人的心靈一樣。恰如數百年來的時光堆疊，將地小人稠的台灣融合交織出獨特豐富的島嶼文化。

所有的歷史都是當代史。

所有能令你開拓眼界、耳目一新的舊事物也都是一種未來式。

對於專職寫作者如我而言，每一本書的完成，委實無異於一場精心籌劃、且能引導思考的藝術策展。

長久以來，每隔一段時間我都會整理集結自

己的文字作品出版，這樣的自覺與責任感，就好比嚴謹自律的藝術創作者，每年也都要固定舉辦一場個展。

感謝所有讓它得以實現的人。

首先我必須致謝的是，在這個紙本書籍出版逐漸式微的年代，於百忙之中仍願意抽出寶貴時間來替拙作《藝術與書的懷舊未來式》撰寫推薦語的台北「舊香居」吳卡密、花蓮「一本書店」Miru、苗栗苑裡「掀海風」劉育育、屏東「小陽日栽書屋」蔡依芸、「台中古典音樂電台」主持人吳家恆、爵士樂評人黎時潮等諸位藝文界好友。

此外，我還要謝謝聯合報「鳴人堂」編輯熙堯和芮娣、中國時報「人間副刊」主編盧美杏、《新活水》雜誌副總編輯黃麗群等媒體朋友，能夠適時提供本人發表園地，抑或邀稿刊登文章，藉此不斷累積作品、乃至集結成書。

感謝「舊香居」和「古殿樂藏」的歷史圖片支援，以及紀錄片導演李立劭、藝術家楊識宏、民族音樂學者明立國慨然提供關於李哲洋和呂炳川的珍貴老照片。

謝謝美術設計陳璿安匠心獨具的封面裝幀與版型設計，粉紅書衣的背景底色不僅傳遞著一股青春明亮的現代感，更帶有某種懷舊溫暖的時代氣息，既新潮又古典。

最後，我要特別感謝能夠坦然接受各種意見，且願意支持拙著出版的「蔚藍文化」社長林宜澐、平易樸實的可樂總編廖志墭，以及細心校對全書稿內容，並負責整個編務流程和溝通事項的執行編輯林韋聿。

我深信，今後無論書籍的形式如何變化，它仍始終伴隨著我們邁向未來的漫漫長路。

第一章

絕版青春，舊雜誌新浪潮蔓延時

充滿興奮和騷動的上世紀八〇年代，島內各類藝文雜誌紛紛百花齊放。（作者藏書翻拍）

一國出版印刷事業之興衰起落，往往和當時整個社會大環境的經濟景氣唇齒相依。

現今有點年紀的讀者，大概都曾聽過「台灣錢淹腳目」這句話。早昔七〇年代奠基於穩定的工業化發展，帶動了台灣經濟飛躍式成長。大抵自上世紀八〇年代起，乃至九〇年代中期左右，台灣人突然變得有錢，社會上冒出許多暴發戶。一九八九年台灣股市狂飆突破萬點，投資人瘋狂到每天開香檳慶祝。富裕的人們在滿足物質欲望之餘，轉而開始追求精神層面的文化生活。因此在各大報章雜誌經常可見精裝大套書的直銷廣告，連帶推廣「以書櫃代替酒櫃」之類的文宣口號，隨著閱讀市場的需求漸增，書店裡也有越來越多「書系」叢書相繼出現，當時的出版業前景似正迎向一片美好。

在政治方面，國民黨於一九八七年宣佈廢除長達三十多年的戒嚴令，自此掀起了一波波本土化與民主化浪潮，亦讓整個社會更加速朝向開放與鬆動。那時的青年，無論男女，盡皆生猛叛逆、勇往直前。大家都想要急切擺脫傳統體制的束縛，為了爭取言論自由，並且宣揚改革理念及街頭群眾運動，連帶促使許多政論雜誌包括《美麗島》、《八十年代》、《亞洲人》、《暖流》、《進步》、《深耕》、《夏潮論壇》、《鼓聲》、《春風》、《這一代》、《前進》、《自由時代》等猶如雨後春筍般紛紛冒出。這些刊物不僅銷量一期比一期驚人，且為了對抗警總的頻頻查扣與新聞局的停刊處分，更是經常變換印刷廠不定期出刊，抑或事先登記多張執照以備不時之需，可謂「前仆後繼、屢禁屢起」。

在這充滿興奮和騷動、思想沸騰的年代，書店行業與文學出版儼然盛極一時，各類藝文雜誌亦是百花齊放：一九八三年一月《電影欣賞》問世，同年七月《文訊》創刊，緊接隔年（1984）則是《聯合文學》誕生，隨之又有陳雨航主編的電影雜誌《400擊》（1985）與齊隆壬的《長鏡頭》（1987）。甚至就連資深的本土唱片公司「上揚唱片」也都成立了自家雜誌社，邀請諸位名家撰文引介音樂新知，以免費索取的方式每季固定發行《上揚樂訊》（1983年創刊）。

與此同時，就在喬治．歐威爾（George Orwell）預知未來一九八四的這一年，詹宏志也在當時甫創刊未久的《新書月刊》（1984年11月第十四期）發表文章〈台灣新電影的來路與去路：一個報導與三個評論〉，由此宣告台灣電影界與文化界即將迎來一個全新的時代。

觀看世界的方式已悄悄改變：進入「圖像閱讀」時代

比起單純的文字閱讀，對一般大眾而言，一張能夠牽動情緒的影像或圖片往往更具直觀的感染力，也讓人留下更深刻的印象。

重回三十年前，正值跨越解嚴前後的《人間》雜誌，在左翼作家陳映真受到美國當代攝影家尤金．史密斯（W.Eugene Smith）的感動和號

結合文字與影像來深思當代台灣社會處境的《人間》雜誌，至今仍是一座難以跨越的大山。（作者藏書翻拍）

召下，以參考《國家地理雜誌》為典範，網羅了台灣最好的一批紀實攝影家、報導文學作家與新聞工作者，包括王信、關曉榮、阮義忠、廖嘉展、顏新珠、藍博洲、李文吉、蔡明德、鍾俊陞、林柏樑、張詠捷、鍾喬、賴春標等，僅於短短四年間（1985-1989）出刊了四十七期，透過深入查訪的紀錄文字，配上一幅幅強悍美麗的黑白影像，直到三十年後的今天，仍為許多讀者帶來深遠的影響及震憾！

假如說《人間》雜誌是一份洋溢著老派浪漫理想主義與人道關懷色彩，結合文字與影像來深思當代台灣社會處境的刊物，像是一座難以跨越的大山。

那麼幾乎重疊於同一時期（1987.09-

1988.06），內容性質極為相近、由《自立晚報》社長吳豐山出資創立、霍榮齡擔綱美術顧問的報導攝影月刊《台北人》，毋寧則是一處通往山後小路的奇異秘境，無論是採用三十三公分乘二十四公分大開本「畫報」形式，抑或主題規畫與版面設計，都展現出兼具傳統民俗與前衛藝術的實驗精神，同時也愈貼近當下台北生活雅俗混雜的城市脈動。

在這份以圖像閱讀為主軸的《台北人》刊物裡，既有藝術家陳界仁自組「奶．精．儀式劇團」於一九八七年演出「試爆子宮」前衛劇場的影像紀錄，還有高重黎極具實驗風格的都市攝影、鄭在東的現代繪畫。此外亦有盧瑋祺採訪古琴造琴人林立正，明立國詳述阿美族豐年祭的民俗學田野訪查，蕭永盛拍攝淡水小鎮和漁人碼頭的討海人，劉振祥拍攝鄉鎮祭典的脫衣舞孃和八家將陣頭、北淡線鐵道的舊時風景，潘小俠拍攝台北東區夜生活與地面下水道施工的工人群像，以及女性攝影工作者簡扶育透過鏡頭側寫台灣第一位女畫家陳進與前輩女詩人陳秀喜的晚年日常起居等多樣內容。簡直是眾聲喧嘩、精采紛呈。

此外在一九八八年四月出刊的《台北人》第八期當中，攝影師潘小俠與劉振祥更為當年達悟族人身穿傳統戰服、手持長矛，聚集在蘭嶼核廢料貯存場大門前發起第一次「二二〇反核廢驅逐惡靈」運動，以及大批中南部農民北上抗議政府擴大開放美國農產品進口的「三一六農民示威事件」留下了難能可貴的歷史影像。

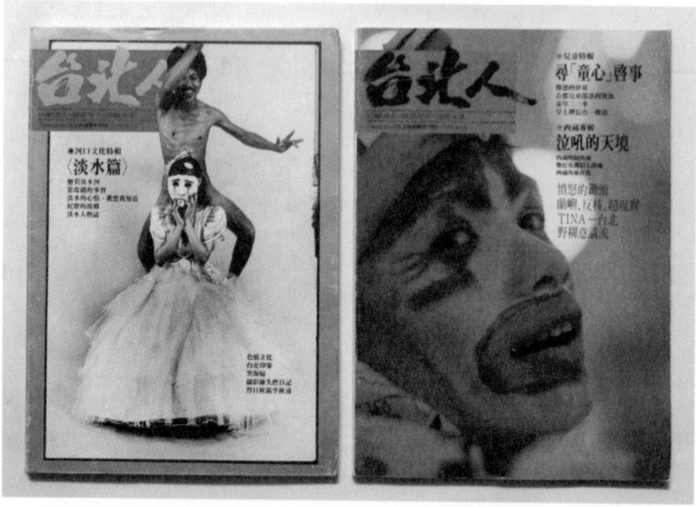

《台北人》第七期「台北之春特輯．劇場專輯」（一九八八年三月）。《台北人》第八期「兒童特輯．西藏專輯」（1988 年 4 月）。（作者藏書翻拍）

《台北人》第九期「都市生態特輯〈動物篇〉」（一九八八年五月，封面人物許曉丹）。《台北人》第十期「河口文化特輯〈淡水篇〉」（一九八八年六月）。（作者藏書翻拍）

我認為該雜誌最令人印象深刻、最具時代感的封面照片，理當莫過於《台北人》第十期、也就是最後一期休刊號「河口文化特輯：淡水篇」，由已故攝影師葉清芳拍攝的潘小俠結婚照。畫面中只見裸身的男主角站在戴面具的妻子身後，兀自雀躍不已地跳起了像是原住民的部落舞蹈，整個場景似有一股八〇年代特有的浪漫野性，與單純快樂的原始氣息瀰漫其間。

從《人間》雜誌到《台北人》月刊，承襲自八〇年代晚期開啟台灣本土「報導攝影美學」與「圖像閱讀」的歷史脈絡，到了一九九七年由長期關注本土民俗文化的藝術工作者李疾（主編）創刊、劉開工作室設計的《台灣美學文件》季刊，又更進一步大膽擺向激進一方。說它是前衛也好、實驗也罷，版面美學設計幾乎把文字當成視覺元素，加諸長四十二點五寬三十公分的巨大開本更給人以一種豪放疏狂的視覺震撼。

展露於冊頁圖文之間，僅只發行兩期的《台灣美學文件》有著宛如暗黑舞踏「地下文化」（Underground culture）詭異、壓抑、狂歡的身體感，連同承載了「生之恐懼」與祝禱的宮廟美學儀式，還有陳澄波的濃厚土味與洪通充滿神秘感的畫，以及民間婚喪喜慶的廟會歌舞團與電子花車的俗艷炫麗。似乎隨著九〇年代後的政治解嚴、社會開放，就連書刊雜誌的開本形式與潛意識內在精神也都跟著被解放了！

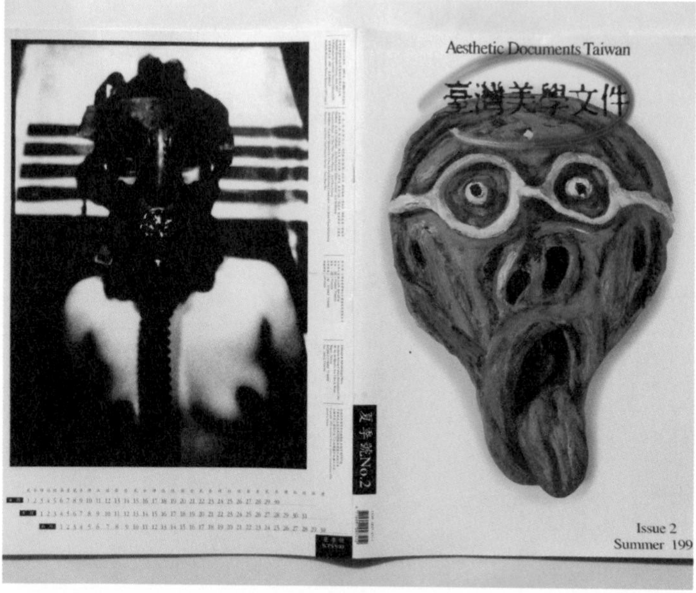

《台灣美學文件》一九九七年夏季號第二期封面設計與內頁編排。(作者藏書翻拍)

來自邊緣左翼的批判：身體政治與性別文化

回顧過去，戰後台灣的政治、經濟、社會與文化資源，大多集中以台北為核心，印刷出版這一行業自也不例外，高達七成以上的雜誌社與出版社皆設址在台北。所謂「南北差異」話題至今仍是爭論不休，因此開始出現回歸地方主體、從邊緣出發並強調「去中心化」（decentralization）的「南部觀點」。

當時，在八〇年代末期的解嚴前夕凝聚了一批泛左翼知識份子團體——包括年輕的海外歸國學者、剛畢業的大學研究生和從事社會運動者，藉其號召的「讀書會」作為串連平台，並以雜誌為基地，且帶有明顯的文化抵抗性質，主張反國家暴力與資本主義霸權。起先他們以「南方」作為空間隱喻、代表邊緣族群發聲而創辦了《南方》雜誌，從一九八六年十月創刊、到一九八八年二月共發行十五期。細數當今諸位文壇名家如許達然、張大春、柳翱（瓦歷斯．諾幹）、劉克襄，也都曾在《南方》發表過小說、散文、詩等文學作品。

繼《南方》停刊之後，延續其「邊緣戰鬥」精神理念，諸如透過學運介入政治與社會改革，傳達左翼人道關懷的實踐方向，即是《島嶼邊緣》草創時的想像原型。該刊物從一九九一年四月創刊、到一九九五年九月為止共發行十四期，內容多以時事深度報導，配合譯介西方當代文化思想和批判理論來跟台灣社會進行對話。

《南方》雜誌第四期「台灣色情產業」專輯（一九八七年一月）。《島嶼邊緣》第九期「女人國・家（假）認同」專輯（一九九三年十月）。《島嶼邊緣》第十四期「色情國族」專輯（一九九五年九月）。（作者藏書翻拍）

譬如一九九四年一月，最初用來指稱同性戀的「Queer」一詞，便在《島嶼邊緣》第十期由編集者紀大偉、洪凌、但唐謨轉譯，正式以「酷兒」專題為名引介入台。之後更延伸泛指各種搞怪、挑釁甚至帶有點俏皮的酷異風格。另外在一九九三年十月《島嶼邊緣》第九期「女人國・家（假）認同」專輯，甚至還放言大談女同性戀話題，除了以編輯內容凸顯「女同志」身份在女權運動中的主體差異和邊緣位置，亦以象徵手法地採取反轉式的雙封面設計，首度與台灣第一份同志刊物《愛福好自在報》合作結盟，使其依附在《島嶼邊緣》封底發行創刊號，登載了大量關於女同志的情慾文字及圖片。

而在最後休刊前的第十四期「色情國族」，

更持續以「女性妖言／出匭文學」尋求讀者大眾的共鳴。及至一九九六年春季，《島嶼邊緣》一方面由於經費短缺，欠缺人與稿源等因素而宣布停刊。同年《誠品閱讀》（1991.12-1996.02）也因財務問題而吹熄燈號，隨後於誠品十週年（1999）、敦南店開始二十四小時營業之際趁勢改版為《誠品好讀》（2000.07-2008.04）。另自詡為「進步青年」以文化思想為重心的《當代》雜誌（1986.05-1996.02），中間經歷兩度停刊（1997.07-2007.10）、對外募資後再復刊（2010.06-2010.11），一直撐到二〇一〇年正式結束。

人們不只關注女性也開始追逐流行

上世紀九〇年代末，台灣開始進入全面資本主義導向、高度商品化的消費社會，加上國際紙漿價格的飆漲，種種因素使得許多雜誌媒體逐漸以商業利益和市場考量為優先，並藉由廣告、行銷、包裝的手段製造流行趨勢。一九九六年十月，《GQ》與《VOGUE》時尚雜誌中文版同步在台創刊，而全球知名的男性休閒娛樂刊物《PLAYBOY》情色雜誌也曾在一九九〇年試圖搶攻台灣市場推出中文台北版（首本中文版則是1986年8月在香港問世），卻因當時台灣民風仍趨保守，隨即遭新聞處查禁。六年後（1996年7月）捲土重來、再度發行《PLAYBOY》國

《PLAYBOY》中文版除了裸照之外，更有不少專欄文章以兼具可讀性與高水準見稱。
（作者藏書翻拍）

際中文版，第二期尤以郭靜純為封面人物引起社會熱烈討論，成功帶動雜誌買氣。

有趣的是，《PLAYBOY》雖然每期大量刊登女性裸照，每每遭人非議有「物化女性」換取利益之嫌，但《PLAYBOY》向來卻是以倡導支持言論自由而聞名。除了裸照之外，更有不少藝文資訊、流行新知、時事評論、名人專訪、短篇故事等專欄文章以兼具可讀性與高水準見稱。由於《PLAYBOY》的稿費比一般媒體刊物行情高，尺度較為自由，所以當時有許多報社記者都喜歡在那裡寫稿，包括作家施叔青、張大春也曾在《PLAYBOY》寫過小說專欄，就連早年以女權主義者自居的作家胡晴舫甚至還擔任過中文版《PLAYBOY》編輯總監。

《野葡萄文學誌》第三十期封面人物陳綺貞（二〇〇六年六月）。（作者藏書翻拍）
《騷動》季刊創刊號「男人造反．反了嗎—女人．國家與政黨」專輯（一九九六年六月）。（作者藏書翻拍）

相較於主流商業雜誌的名利戰場，同在一九九六這年創立、宣稱要攪動父權社會規範和既有秩序的《騷動》季刊，倒像是九〇年代堅持菁英論述路線的女權雜誌最後一道浪漫餘暉了。影響所及，時任《騷動》主編的胡淑雯，與經常在該刊發表文章的盧郁佳、張娟芬、李雪莉等，至今仍以犀利的批判觀點、帶有濃厚性別意識的文學創作和報導評論活躍於媒體圈與社運界。

在市場潮流的沖擊下，過去注重理性、深度、樸素的各類文化刊物與文學雜誌，也紛紛改弦易轍，採取年輕化、時尚化、視覺化走向。像是二〇〇三年創刊的《野葡萄文學誌》（2003.09-2006.12），即仿效日本《達文西》閱讀情報誌的編輯方針，舉凡以當紅藝人（如陳綺貞、閃靈樂團Freddy、小S等）為封面，大幅引介新生代作家、網路文學與短篇漫畫等各種面向，大大改變一般人對於傳統文學雜誌嚴肅、沉重的刻板形象。在不斷變化的時代中，各個不同的潮流最終都會成為歷史，並創造出下一波潮流。

其後，擁有三十多年經歷的老派雜誌《聯合文學》曾在二〇一四年全新改版，封面設計轉向小清新的「日系文青風」，發刊詞則強調「不希望再給人製造出文學雜誌就是一本正經的印象」、「要以時尚雜誌拍明星的標準來拍攝作家肖像」，令我彷彿又重新看到了當年《野葡萄》標榜時髦和感性，大方展現青春無敵的一股活力、自信與態勢。

青春終將逝去，唯記憶不被遺忘。在紙本閱讀日漸式微的現代，十多年來我始終醉心於走訪各地舊書攤、跳蚤市集、二手拍賣網站等媒介管道蒐集台灣過去二、三十年前別具特色的各類舊雜誌。這些年代久遠的絕版期刊，作為某種時代的見證、美學的啟蒙，每隔一段時間偶爾翻閱，就會有一股瞬間打開了時空膠囊的怦然心跳感。且隨冊頁流轉、潮流更迭，想像自己也彷彿跟著走進了激揚的歷史現場，重拾過去一代人曾經洶湧澎湃、新舊交鋒的青春記憶。

（本文原刊於2020年9月《新活水》雜誌。）

第二章

當紙本書評媒體從風光逐漸衰亡

由「洪建全文教基金會」發行了一百期的《書評書目》雜誌見證了上世紀七〇年代台灣純文學出版的風華盛世。（作者收藏翻拍）

吾輩文友逛書店偶然不期而聚，總是喜歡暢談彼此，閒聊新近出版書訊、讀書寫作、文壇八卦等有趣之事。既聊書，也談人。天南地北，褒貶互見。

如今的書市慘淡，文學作品銷量持續下滑。在多數情況下，一本新書往往剛一上架沒過多久，就被淹沒於茫茫書海當中，彷彿未曾問世。試想，一位作家花費數年心血寫完一本書稿，出版社與書店也各自傾盡所能，努力印書賣書。誰不冀望能夠因此獲得大眾（市場）青睞，甚至遇到願意認真深入閱讀，並給予一些批評意見的知音讀者？

說起來不無傷感，一本書能夠被人好好地讀上一回，竟是如此奢侈難求。

然而弔詭的是，在這條看似充滿荊棘的出版路上，卻總是不乏有眾多後起者（包括絕大多數的非暢銷作家、出版社，以及一些短命的讀書雜誌等）宛如飛蛾撲火般，前仆後繼地投入其中！

我以為所謂一流的作家固然稀罕，但若有緣遇得一位直入心坎的書評寫作者，則是更加難逢矣。

猶記得幾年前曾經有某報社編輯來信邀稿、請我寫一篇書評，我問道「能說真話批評否」？編輯回覆：我們這裡的書評其實就是要給作者「送花籃」。這裡沒說出口的「潛台詞」就是，希望這篇書評「褒勝於貶」，評論內容儘量只寫好話、不寫壞話。

在我看來，書評本身不僅有著扮演「橋梁」引領閱讀的「指針」作用，不同形式內容的書評背後，往往更反映出每個讀者各式多元化的閱讀與生活態度：有的人喜用輕盈的姿態深沉地思索，有的人動輒以高姿態的專業術語呼應書評文字不可搖撼的學術地位。而你我身處在速度決定一切的（網際網路）現代社會，有的人標榜「時間就是金錢」、「快速抓重點」式的（通俗）速食閱讀，也有的人主張放慢讀書的腳步以後看得更通透，當然更有的人則是非常自覺閱讀是與作者相互對話、能夠激發彼此想像力的一種創新實踐。

走過純文學出版盛年：首開批評風氣的《書評書目》

一篇秀異的書評文章畢竟需倚賴長年累積的學養、眼界、膽識及態度，從而逐漸養成自己獨樹一格的洞見（Insight），乃至文體風格。在某個層次上，讀書、寫作二者之間的關係總是密切的。一個好的書評寫作者，同時也該是一個高明的「讀者」，能夠讀出（自己內在的）聲音來。一如法國小說家福樓拜（Gustave Flaubert）所說的那句名言「Read in order to live」（閱讀，是為了能夠好好地生活），意味閱讀行為本身凝結、定格了那些各個時空背景的寫作人、讀者和他們當下的時代氣息，並將其提升到生存的境界。

約莫自上世紀七〇年代以降，台灣藝文界開始流傳著兩句話：「文章發表要上兩大報，出書則要找五小」（前者表示為《中國時報》人間副刊與《聯合報》副刊，後者則指「純文學」、「大地」、「洪範」、「爾雅」、「九歌」等五家出版社），那是一個純文學出版引領風潮的興盛年代，並且深刻影響了日後台灣文化事業的發展。

而當時島內讀書界最富盛名、由「洪建全文教基金會」發行、作家暨出版人隱地（後來成立「爾雅」出版社）和簡靜惠等主持編務的《書評書目》雜誌，可說是戰後台灣最早立下典範、也最「長命」的一份專業書評刊物。

從一九七二年九月創刊起，到一九八一年九月宣告停刊為止，採傳統二十五開本、活版印刷的《書評書目》起初是雙月刊，自第九期後改為月刊，其間共發行了一百期，可謂整整跨越了七〇年代至八〇年代初、台灣出版業從萌芽階段到經濟起飛的這段黃金十年，刊物每期皆有專欄評介論述、當月新書分類目錄及書評索引。編纂內容雖以引介純文學為主，卻也相當程度涵蓋了中外歷史、電影、戲劇、美術、音樂等其他早期仍屬非主流範疇的出版品，亦曾先後策畫過「兒童文學專題」、「校園精神專題」、「以撒·辛格專題」、「漫畫專題」等主題特刊，並經常配合舉辦各種座談和討論，如「評台灣的報紙副刊」、「小說改編電影座談會」，堪稱兼具史料性質的綜合式報導書評。

有時候，寫書評彷彿手中握著一把刀，稍有不慎便能傷人。但有些書，卻也不是簡單三言兩語所能道盡的。若想要能夠痛快淋漓、細致入微地把自己的閱讀所感表達出來，除了基本的學識涵養之外，多多少少還得要訴諸一種「微妙的直覺」。昔日莊子有云：「無用之用亦明矣」（意指這世上沒有無用之人、無用之物），我認為不光是一本「好書」值得寫書評，甚至就連在某些讀者眼中看來的「壞書」也都應該能夠寫書評。

作為一名熱愛閱讀的雜食者，翻開《書評書目》最引人入勝處，不僅在於它那近乎百科全書式的廣泛收羅與系統編目，更有不少快人快語的評論文章與其說是在「評書」，毋寧倒更像是在「罵書」，讀來不禁令人拍案叫絕！這一篇篇「短小精悍」、「單刀直入」的犀利書評，後來也陸續收輯成書，單獨發行了書評集《第三隻眼》。

其實相較於一般讀者，讀了書評以後受益最大的，我想該是被批評的作者本人吧！畢竟光靠一個人的兩隻眼睛是很難把自己處處看透的，於是便需要有他者的「第三隻眼」來幫助審視自我。毫無疑問，《書評書目》是個質樸得讓人激不起任何一絲浪漫聯想的刊物名字，但在這質樸的名下，卻自有它厚重與扎實的本色存在。

當代風格書店掀起了文化浪潮：《新書月刊》與《誠品閱讀》

大抵從七〇年代末，乃至八〇年代初，適逢島內社會、經濟、政治面臨重大銳變：街頭民主運動如火如荼，黨外雜誌前仆後繼、越禁越賣，中產階級也隨著經濟成長而誕生，進入所謂「「台灣錢淹腳目」的狂飆年代。台灣出版業開始突破過去以純文學獨占鰲頭的書市類型，時代的語言與生活改變了人們的閱讀習慣，各種新生的商業、企管、心理學和休閒生活等「非文學類書」漸成市場主流（包括1982年天下文化公司前身「經濟與生活出版公司」推出【財經企管系列叢書】，以及1984年遠流出版公司推出【大眾心理學系列】）。彼時大型連鎖書店的出現（1983年金石堂於台北市汀州路成立第一家複合式書店「金石文化廣場」，繼而創設暢銷書排行榜），更為八〇年代台灣社會帶來全新的文化風貌。

八〇年代初期「傳記文學出版社」劉紹唐發行的《新書月刊》尤以重視本土作家深度訪談與塑造「封面人物」形象見長。（作者收藏翻拍）

當時由資深出版人周浩正擔綱主編的《新書月刊》開啟了替作家策劃「新書發表會」的先例，每個月初固定借用「金石堂書店」場地舉辦。這份書評刊物是由《傳記文學》發行人劉紹唐所催生，經費來自出版社刊登的贊助廣告，每期約二十家不同的出版社共同以廣告方式（以六或十二月為一期，每月五千元）支持。

從一九八三年一月創刊，到一九八五年九月停刊，十六開本、平版印刷的《新書月刊》共發行兩年二十四期。該刊物自第三期起，開始固定形成一種以「封面作家」人物形象為號召的編輯風格，內容側重記錄當代台灣作家與出版人的心路歷程，且每期皆有一篇壓軸的作家深度訪談，包括像是袁則難訪白先勇、劉春成訪王禎和及黃春明、夏祖麗訪席慕蓉、龍應台訪張系國、李昂訪楊牧、聶華苓談柏楊等，而後甚至乾脆讓作家採用另一筆名的角色來進行深度自剖（譬如胡美麗訪問龍應台、施淑端訪問李昂），令作家本人大玩「自己訪問自己」的分身戲碼，乍然讀來不無過癮。這些精彩的訪談內容後來均收錄於蘇嶝基主編《當代作家對話錄——新書月刊封面人物專輯》（1986年「傳記文學出版社」發行）一書。

除此之外，《新書月刊》更有訪羅大佑談流行歌曲、李泰祥談流行歌曲創作、詹宏志談台灣新電影等專文，同時又與「金石堂書店」密切合作、相繼推動出版界「年度十大新聞」與「年度最具影響力的書」遴選活動，其後「金石堂書店」又增添了「年度風雲人物」、「最佳封面設計」等項目延續迄今，著實可謂立意新奇、別開生面了。

自一九九〇年後，台灣出版業市場景氣發展逐漸達到高峰，消費主義與商業邏輯結合為時代精神、貫穿各個領域，卻也因為島內自身的人口限制、市場有限，加上著作權的觀念，慢慢產生了大型出版集團與專業出版社。

這段期間，台灣書評刊物的創生，咸與當代（特色）連鎖書店的崛起有著密切關聯。例如八〇年代「金石堂」與《新書月刊》、九〇年代「誠品書店」與《誠品閱讀》。從此，書店不再單單只是賣書賺錢的場所，而是一處擁有創新文化價值的空間平台、乃至成為引領時代風潮的文化發動機！

從九〇年代跨越千禧年後改版的《誠品好讀》雜誌儼然成了「誠品時代」傳佈書店文化的精神象徵。（作者收藏翻拍）

一九八九年三月，誠品在台北仁愛圓環成立第一家店，大膽打破傳統書店的純商業空間概念，採用暖色系的室內設計光線和木質地板，並引進人文質感和精緻品牌概念，讓買書、逛書店成為一種布爾喬亞式的菁英時尚。「在書與非書之間，我們閱讀」，原本只是該書店草創期的一句廣告標語，爾後竟成了台灣社會中產階級大眾渴望形塑「誠品精神」、打造消費品味的時代象徵。

近二十多年來，從最早於一九九二年創刊的《誠品閱讀》，歷時四年、二十五期後停刊，及至二〇〇〇年改版為《誠品好讀》重起爐灶、直到二〇〇八年第八十六期停刊，起初僅為提供誠品書店會員免費索取的專屬刊物，內容以每月書訊為主，兼及涉獵國內外出版現象與趨勢。後因頗受讀者歡迎，於二〇〇四年起再度改版為非會員專屬雜誌，販售地點只在全台誠品書店，並將原本較單純以書評書介和出版訊息為主的閱讀走向，逐漸拓展為追求精緻生活、關注流行趨勢與設計創意的綜合城市文化雜誌，其影響力不僅延伸至香港、新加坡、馬來西亞，甚而觸及中國大陸如北京、上海、廣州等大型城市，儼然成了華人世界最重要的讀書刊物之一。

鼎盛時期的《誠品好讀》曾被香港《明報》稱為「在香港，熱愛閱讀的人都會羨慕台灣能有」的雜誌；中國傳媒《城市畫報》亦曾報導《誠品好讀》的專題內容「文字鋪排，資料的海量，編輯深厚的功力、品味，都不是周邊地區的媒體可以比擬」。

整體而言，從《誠品閱讀》到《誠品好讀》，再到二〇〇九年以復刊之姿重現江湖的《The Reader 誠品．學》，無論在美學風格或是編輯製作上，這些刊物皆能維持一貫的「誠品風格」，其中有些獨具特色的策畫專題，如「禁書事件簿」、「運動—我們熱愛的生活」、「科幻異境」、「恐怖主義與現代伊斯蘭」、「我的玩具情人」、「妖怪圖考」、「貧窮，及其所創造的」、「電玩世界」、「漫畫進化論」、「我城—台北踏查」等，摻有一點點的野性、前衛（實驗性）和菁英姿態，即使直到今天也仍能給予這一代年輕讀者帶來不少閱讀樂趣，以及發展各式跨領域的「類型閱讀」與分眾市場的出版想像。

報紙書評的興盛和殞落：從《開卷》周報到 Openbook 閱讀誌

在台北這個現代城市裡，有些人擺出姿態，有些人尋找姿態，大家都各得其所。而所謂閱讀的姿態，往往決定了你是誰。就像人們有權自由選擇自己愛讀的書、愛逛的書店一樣。

歷經解嚴以後，誠品書店很快掌握了時代氣氛，且在書評刊物與選書企劃上呼應着當時的新興思潮，成為台灣重要的文化地標。與此同時，台灣報業亦是正值黃金年代，並以新設的書評媒體立下了有別於兩大連鎖書店（金石堂、誠品）暢銷書排行榜的文化指標：那就是中國時報《開卷》（周報），以及聯合報《讀書人》。

《開卷》創刊於一九八八年台灣解除報禁之歷史時刻，廣邀作家、學者、媒體人、出版業者以及熱愛閱讀的各領域社會人士撰寫書評書介。翌年創辦首屆「開卷年度好書獎」，由編輯部發函聘請當時學養豐富的文化界人士擔任選書委員，每周選出三五本值得向讀者推薦的新書，並以一整年為期，等累積到了年底再次進行複選、決選，最後由委員投票評選出前十名者，獲選為年度「十大好書」，並於該書封面貼上《開卷》好書專屬貼紙，在全國各大小書店及全國公共圖書館設平台展示推廣。此一評選制度多年來經營有成，不僅深獲各界肯定，亦為華文世界最具公信力的書籍獎項之一。

無獨有偶，聯合報《讀書人》相繼於

一九九二年創刊，每週發行一次，主要介紹台灣本地與國外重要出版品，且同樣舉辦了「讀書人年度最佳書獎」（每年選出年度文學類、非文學類及童書類最佳書獎），及至二〇〇九年四月底發行最後一期並宣布停刊。

綜觀傳統紙本報刊媒體的興盛及蓬勃，儼然呼應九〇年代台灣書市發展的大環境趨勢，經過二〇〇〇年新世紀的交叉口之後，便開始走下坡，報紙的書評欄位愈見緊縮，乃至日後逐漸式微已是難擋之勢。儘管《開卷》於二〇〇六年破天荒推出了所謂「影音行銷閱讀」模式，特邀知名藝人與侯季然、溫知儀等導演新秀合作，採廣告手法替「開卷好書」每一位獲獎作者拍攝宣傳短片「BV」（Book Video），也仍舊抵擋不了紙本書評版面的驟然衰落。

自從《讀書人》與《開卷》陸續缺席之後，台灣當前具有影響力的報紙書評於焉宣告全面棄守。所幸「愛書精神」不死，總是會出現有心人尋找到出口。就在二〇一六年中旬「開卷好書獎」停辦後不久，《開卷》前主編周月英為了能夠延續所謂的「開卷精神」、因而號召出版業者共同籌辦的新興數位閱讀媒體「Openbook閱讀誌」（www.openbook.org.tw）即於二〇一七年二月正式開站，透過網路媒介繼續經營一個可信有深度的書評平台。

如今，相較於幾乎消亡的報刊紙本書評，取而代之的是晚近大量崛起的網路書評，有關傳遞閱讀資訊的各種部落格和網站亦是隨處可見，臉書上更不乏有作家、出版人、網紅人士經常發文提供愈益多元的書訊內容和書市動態。對讀者來說，所謂「書評」本身並未真正消失，而只是替換了另一種閱讀媒介。

見證當下這個眾聲喧嘩的數位時代，儘管紙本書評的風光時期早已過去，但我們依然需要有把關的「媒體守門人」代為篩選、推薦書籍。或許，雖然我們也都曾毫不留戀地丟棄過一些東西，如舊衣物、舊書，然而像《書評書目》、《新書月刊》或《誠品好讀》、《開卷》這樣一份凝聚著一群文化拓荒者心血淬煉而成的書評刊物，卻被許多愛書人給永遠保存了下來，並且隨著時間的流逝，而愈益在書架上泛漾著寧靜高潔的微光。

第三章

數位時代的媒體與印刷書

「這世上沒有一個人知道自己想要什麼，每個人都在等別人來告訴他，該怎麼活。每個人都在迷茫，區別只是多與少。」

——楊德昌電影《麻將》台詞

古語有云：「飲食男女，人之大欲存焉」，藉此指涉人類與生俱來最基本的慾望和本能，同樣以吸收知識作為心靈食糧的精神需求也自不例外。憶往追昔，談到當代報刊雜誌對於普羅大眾社會道德輿論自由的巨大影響，人們印象中總是不得不提起海夫納（Hugh M.Hefner）的「兔子」，以及黎智英的「蘋果」！

然而，哪怕他們曾經有過「喊水會結凍」的無限風光，卻沒想到怎麼就被時代拋棄到了角落？過去十多年來，隨著生活節奏不斷加快，數位傳播科技的發展，正在深刻改變著人們的閱讀習慣，從以往翻閱報紙文章改為透過網路瀏覽新聞標題首頁。

當Facebook、Twitter等社群媒體相繼崛起，人們吸收外界資訊的管道也變得多元，加上大螢幕手機與平板電腦的出現，接連帶來更為即時、快速、便捷的嶄新閱讀體驗。愈來愈多的讀者透過網路的分享連結進入新聞網站閱讀，導致傳統（紙本）報紙和印刷書刊的發行量逐年下降，終至日漸式微、衰亡，而來自社群網路或搜尋引擎的數位流量與廣告收益則是以倍速成長，益發成為一股沛然不可阻擋的時代趨勢。

繼二〇二〇年三月，擁有六十六年歷史

（1953年創刊）的美國成人雜誌《花花公子》（Playboy）對外宣告停止紙本版銷售、並將其內容轉為數位化形式之後，及至二〇二一年五月，曾經長期是島內銷量與傳閱率最高的報紙《台灣蘋果日報》發行人黎智英，因為在香港言論遭到封殺、沒收財產，又被中共指控「勾結外國勢力」，在不得已之下忍痛決定紙本停刊。

你的選擇決定了你所見的世界

近年，海內外許多報紙雜誌書刊同樣飽受數位浪潮的痛擊，導致廣告收入銳減。在這個人們愈加渴望獲得免費訊息服務的時代，印刷出版的高昂固定成本，更令紙本媒體經營變得難以為繼。甚至有人為此架設了名為「報紙死亡觀察」（Newspaper Death Watch）的網站，自二〇〇七年起不斷記錄著一家又一家倒閉或棄紙從網的美國各地方城市報業同行，宛如一長串見證這場紙本與數位媒體興衰消亡的「墓誌銘」。

根據美國知名民調機構「皮尤研究中心」（Pew Research Center）二〇二〇年發布調查報告表示，人們對於閱讀紙本印刷品的使用率正在持續下降。成年人中有約百分之十八族群仰賴社群媒體作為新聞資訊來源，約百分之十六收看地方電視新聞台，約百分之十六收看有線電視新聞台，約百分之二十五直接造訪新聞網站或新聞App，約百分之十三透過網路電視，約百分之八透過廣播，最低的則是透過閱讀紙本媒體獲取資訊，僅有百分之三。

調查還發現，主要仰賴「社群媒體」收看新聞的民眾最容易受到網路流竄的「假新聞」所影響，而這些人通常也是對時事不關心、表面上對政治冷感、最容易被網路謠言左右、卻又認為「假新聞沒什麼」的族群。

伴隨著網路與新媒體的興起與普及，我們雖然看似活在一個資訊發達的年代，但實際上卻也同時被一個個由社交軟體演算法所操縱的無形囚籠給層層包圍。很多看似「無意識」的設計，都是為了潛移默化地改變讀者的行為。

Netflix 紀錄片《智能社會：進退兩難》（The Social Dilemma）與《編碼偏見》（Coded Bias）影片內容即是講述社群媒體如何改變人們日常的閱讀習慣，一開始先是以「免費」、「便捷」的誘因引導你初步上手，其後透過演算法分析每個使用者的網路足跡（cookies）累積形成的「大數據」促使人們產生依賴，繼而令你不自覺地沉迷於此。假如你堅持不參與其中，很快就會發現自己跟不上許多社會流行話題。有不少人因此無時無刻在 Facebook 或 Instagram 動態拍照上傳，為的就是想要得到其他人更多的關注和讚賞。

這世上沒有真正免費的軟體。如果你沒有付錢，那真相只有一個，就是你付出了比錢更重要的東西：隱私和時間。

《智能社會》片中甚至使用「毒品」來比擬社群媒體，因為使用者都叫做「user」，會讓人越來越上癮。換言之，我們日常生活所見所聞的諸眾事物，已有愈來愈多是由廣告商操控演算法來分析和決定的：包括網購的商品、閱讀的喜好、看過的電影、聆聽的音樂等，演算法會向讀者推薦更多強化現有觀點的相關內容。

如今在這強調閱讀「硬題材」（深度人文報導）、「軟題材」（娛樂八卦消費）各取所需的分眾時代，雖然每個人都能輕易搜尋到自己感興趣的內容資訊，然而這樣的數位技術，卻讓我們變得更難以忍受沒有新刺激到來的焦慮。事實上，個人每天平均花費的閱讀量其實未減反增，惟以短時間切割細碎的快速瀏覽取代了長時間專注的深度閱讀。大多數讀者還是想要讀新聞、讀故事，只是媒介方式都不一樣了。

科技萬歲？紙本書的不死逆襲

回想二〇一二年某日下午，我曾陪同幾位開書店的朋友一起來到永和的「小小書房」湊了場熱鬧，參加時任文化部長龍應台主持國是論壇第二場「我街角的書店哪裡去了」談論獨立書店話題。

記得當時印象猶深的，現場有某位資深出版人先是發言調侃了位在淡水的獨立書店「有河Book」雖然於網路媒體頗具知名度，卻並未能將其名氣反映在實體書店賣書業績上面。

於是他便提議書店業者在不久後的未來，應當積極發展網路書籍交易的數位平台與電子書，讓每一家獨立書店各自深耕不同的專業領域，並且都能透過網路通訊與運輸科技相互自由地流通，彼此取長補短、互通有無，這樣就能把全台灣所有的獨立書店都連結起來，成為一個完全不受地域、區位，乃至營業時間與空間的限制，無論是藏書量或書種類型都遠超過現有任何一家大型連鎖書店的販書媒體。

這個彷彿烏托邦的美好想像，毋寧勾勒出某些熱烈擁抱數位科技的現代人士對於未來書店的理想藍圖：無論讀者身在何方，只要透過手機或電腦連上網路、進入書店網頁點擊下單，你所需的書籍很快就會送到附近的超商或家門口，根本不需花費時間前往書店取書，也不必和任何人員有所接觸。

然而，自千禧年之後經歷了一波波數位科技浪潮的衝擊，現今在這個串流盛行、各種線上閱讀和展覽幾已進入生活常態的時代，儘管主流大眾接收知識、娛樂等相關資訊的載體與來源管道，早已不可逆地從紙本轉移到了網路上，但許多傳統印刷的紙本書，就像過去被視為老派物件的黑膠唱片一樣，至今不僅仍未凋零，也沒有如預期般死亡，或被電子書全面取代，甚至近年來反倒更有逆勢成長的趨勢，並且逐漸演變成為某種表達精緻化的風格美學、近似手工藝品的物件形式持續存活在「小眾」、「分眾」市場中。

書籍不只是傳遞資訊與知識的載體

平生倡議「媒介即訊息」（the medium is the

message）概念的媒體理論家麥克魯漢（Marshall McLuhan），在以傳播技術的角度探討近代印刷科技文化的經典名著《古騰堡星系》書中表示：「印刷術讓人將所有經驗都化約成視覺，化約成單一感官。」[1]

過去的紙本書提供了一個可以自我卷藏，以便暫時逃避社會現實的內在世界，這就跟上班族每天搭車時都在滑手機讀取訊息的情況如出一轍。放眼現今流行智慧型手機的各種型號尺寸，幾乎就跟早期書籍出版「文庫本」的開本大小差不多，兩者都講求某種類似的閱讀手感。

關乎閱讀本身，實際上也不光只是單純「看書」的動作。英國藝術評論家約翰．伯格（John Berger）在《觀看的方式》（Ways of Seeing）一書寫道：「我們注視的從來不只是事物本身；我們注視的永遠是事物與我們之間的關係。我們的視線不斷搜尋、不斷移動，不斷在他的周圍抓住些什麼，不斷建構出當下呈現在我們眼前的景象」[2]。

相較於快速瀏覽飄移、螢幕文字圖像不斷流動組成串流片段的網路閱讀，具有實體物件版式、裝幀型態的紙本書，往往更能明顯讓人感受

1 參考麥克魯漢著、賴盈滿譯，2008年，《古騰堡星系：活版印刷人的造成》，台北：貓頭鷹出版社，頁184。
2 參考約翰．伯格（John Berger）著、吳莉君譯，2005年，《觀看的方式》，台北：麥田出版社，頁11。

到某種綜觀全局下的空間餘裕，足供讀者從容佇足、靜心沉思，予以反覆咀嚼、細看、重讀，乃至深思熟慮過後慢慢醞釀形成思想的身體（五感）知覺過程，包括翻頁時紙張滑過手指的微妙觸感、聲音，以及油墨的氣味，或用指尖在書本上追尋著故事文字的閱讀軌跡。

紙本書的曖昧，就在於它並不像數位媒介那樣具有「完全不佔空間」的單純功能性需求（functional requirement），能夠接近最純粹的知識檔案本身。相反地，由於紙本書兼具使用功能之外的象徵價值，舉凡它曾經屬於某個名人或者擁有簽名，這個簡單的事實便會賦予它某種價值，使之成為不易完整掌握、且需多花費時間來進入閱讀思考的一種物質載體。

尤其是那些內容愈豐碩、深具獨到創見之書，往往遠超過我們當下的理解和知識基礎，於是就更需要一段與它朝夕共處的醞釀期，斷斷續續迂迴激盪，並提出觀照與反思。因此，一本書的再閱讀不僅僅只是可能，而是必要。

誠如美國作家海倫・漢芙（Helene Hanff）於上世紀七〇年代出版《查令十字路84號》（84 Charing Cross Road）著作坦言：「我們活在一個詭異的世界——這麼漂亮、又能終生廝守的書，只須花相當於看場電影的代價就能擁有；上醫院做一副牙套卻要五十倍於此」。除此之外，她更懂得享受私下挑書的樂趣，而且只買自己想要珍藏，日後會想重讀的書：「我從來不買沒讀過的書」、「我喜歡蝴蝶頁上有題簽、頁邊寫滿註記的舊書；我愛極了那種與心有靈犀的前人明明共讀，時而戚戚於胸、時而被耳提面命的感覺」。

類此表述愛書成癮的「藏書狂」（Bibliomania）的痴迷樣態，我想這大概就是紙本書最迷人的地方了。

電子書的保存期限

回顧過去，人類歷史上每逢戰亂、水災、火災，或者遭遇不同統治者改朝換代之際，往往就會造成大量書籍亡佚殘缺的劫難，俗稱「書厄」（意指書籍遭遇災厄）。時至今日，許多大學研究單位和文化典藏機構為了能夠長久保存珍貴印刷書籍文件實體（Physical）的完整，乃紛紛採取「數位保存」（Digital preservation）的方式，將重要的紙本檔案資料數位化。

或許在許多人的刻板印象中，那些容易遭外力損毀的紙本印刷資料，既然已透過數位載體保存了下來，那麼理應就能讓知識的傳承永無斷層。然而弔詭的是，實際上相較於紙本書，電子書卻反而更突顯出某種致命的脆弱（fragile）性質，包括系統軟硬體的使用期限，以及儲存格式過時淘汰之後無法讀取，因而造成數位資料的無用。

簡單來說，一冊紙本書就算不小心泡了水，只要放著慢慢風乾後仍然可以重新閱讀。相較之下，一台儲存了上千本電子書的iPad，雖然不會增加重量，也能方便查詢書裡資訊，讓閱讀變得更有效率，但假如一時粗心大意輕微進水沾溼了內部零件，那麼整組電子書設備很可能就會從此報廢。

麥克魯漢說過：「印刷出版是獲致聲名和永久記憶的直接工具。因為直到電影出現，世界上還沒有任何東西能在傳播私人訊息方面挑戰印刷書籍的地位。」[3]

誠哉斯言！我們至今還能夠閱讀五百多年前古騰堡時代所留存下來人類最早的活版印刷書，甚至是有些考古專家也能試著去解讀更為兩三千年前的古老羊皮紙卷軸。但如果是在二、三十年前儲存的數位檔案光碟或磁碟，就未必能夠確保內容可以順利讀取了。

一般而言，現有數位儲存媒體主要為磁性及光學媒體，磁性媒體壽命短則十年，長則三十年，視其保存及處理過程而定。一片普通DVD的保存期限最長也不超過二十年。而現今一般工廠化學紙質印製的紙本書，至少也能保存五十年左右。若是採用無酸的中性紙，保存期限可達百年以上甚至更久。所以說，平均來看紙本書的壽命其實遠比電子書長。

在這便捷的數位時代，雖然很快給人們帶來了日常生活、閱讀，以及消費速度的大躍進，卻也相對必須面臨「科技越發達，毀滅速度就越快」的現實危機。

從早期「個人新聞台」、「蕃薯藤」、「樂多」、「無名小站」、「痞客邦」、「噗浪」的走向式微，乃至今日盛行的臉書、推特、

Instagram 等，這些許多曾經存在於網路上的文字記錄，包括彼此之間互相討論、爭執、分享、交流的各種往來足跡，總有一天也會完全消失。甚至有些大學機構的數位典藏網站，比如國立臺灣師範大學的「日治時期台灣曲盤數位典藏計畫」、南華大學的「呂炳川音樂資料館」，同樣都是因缺乏經費維持而在一夕之間消失無蹤。

二戰期間，德國空軍針對倫敦進行大轟炸後的荷蘭屋圖書館廢墟上，依然有人在閱讀。而某些存放在數位網站裡的檔案資訊，卻在關閉之後就連變成廢墟的一點記憶（實體）殘渣都無法留下。

難怪我發現身邊有越來越多的朋友開始愛上了黑膠唱片這種老派的聲音載體，而我本人亦是愈加想念起舊書的味道。

——（本文原刊於2021年5月28日《聯合報》「鳴人堂」專欄。）

3 參考麥克魯漢著、賴盈滿譯，2008年，《古騰堡星系：活版印刷人的造成》，台北：貓頭鷹出版社，頁191-192。

第四章

後疫情時代的書店共讀

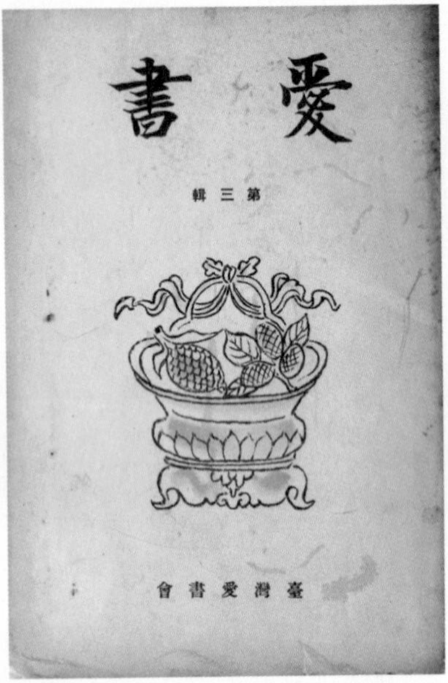

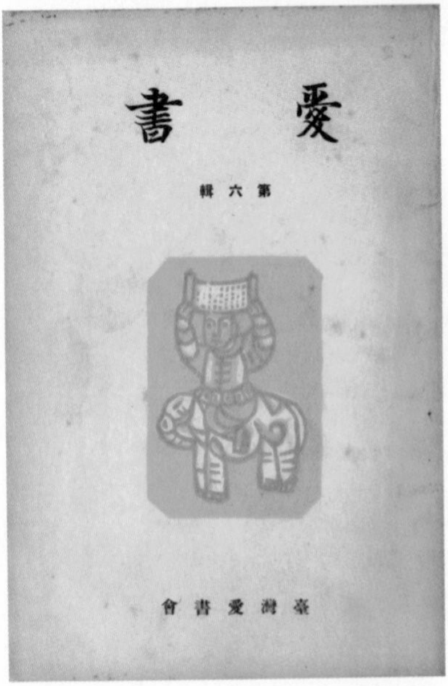

台灣出版史上第一個書迷同好團體「台灣愛書會」發行刊物《愛書》雜誌的閱讀焦點，皆離不開與「書」相關的話題討論。
(舊香居提供原件，作者翻拍)

「書物的重要性對現代人而言，關係如同日常生活中的茶飯。」

——節錄自一九三三年〈台灣愛書會趣旨〉

過去兩年，當全球各國都籠罩在新冠肺炎疫情造成的陰霾下，被譽為防疫楷模的台灣卻像活在「平行世界」般，不僅曾經保持過連續兩百五十二天的本土零確診紀錄，大多數民眾的日常生活也幾乎沒有受到疫情太大的影響。

直到二〇二一年五月中旬本土疫情爆發，全台進入「三級警戒」，致使民間各商家店面紛紛關閉或暫停營業。以往原本應該熱鬧非凡的都市大街上，竟然在大白天出現了空無一人的場景。車水馬龍的台北市區，瞬間成為空城，形成一種超現實的城市奇觀，宛如攝影藝術家袁廣鳴作品《城市失格》預言了疫情隔離下的真實再現，乍看就像是一場虛擬幻境。如今隨著疫情的推波助瀾，又彷彿只有網路購物和臉書上的社群互動逐漸取代了真正的「生活現實」，卻也更加催促人們思考未來及早投入「線上轉型」之必要。

譬如北美館年度大展「塩田千春：顫動的靈魂」於五月初開展後不久，旋即因疫情嚴峻而封館，令許多來不及趕到現場觀看的民眾引以為憾。新任館長王俊傑便索性親自拍攝導覽影片，透過線上觀展方式一睹為快。

另外，原訂於六月中舉行的二〇二一義大利「波隆那兒童書展」（Bologna Children's Book Fair），亦由於國際疫情與各國旅遊限制，乃完全轉型為線上書展，並宣告明年若仍有疫情顧慮，將著手規劃進行VR虛擬實境（Virtual Reality）環景拍攝展場空間，帶領觀眾以如臨其境的方式參觀線上展覽。

與此同時，許多書店業者也紛紛嘗試以Google Meet、Zoom、Webex等視訊會議軟體為基礎，陸續舉辦各種主題的「線上讀書會」（Online Book Club）。比如台北「女書店」原本於二〇二一年七、八月間舉辦一系列女性主義專題講座，為因應防疫政策，課程將以線上平台與視訊連線作為準備方向。

一般來說，這類讀書會並不只是單方面的直播影像內容，而是採用雙人或多人對談的形式，還能讓讀者和演講者彼此之間進行線上互動、即時分享心得。讀者只要繳交費用，就可以獲得連結與這些作家學者直接交流。

籌組「讀書會」的時代禁忌與啟蒙

在可預見的未來，我們不難想像今後讀書會的模式不再只限於實體空間，遠距的線上讀書會也將逐漸成為生活學習的常態。然而，談起讀書會活動的「線上轉型」問題，有許多基礎條件卻也必然牽涉到實體社群的養成經營。

書籍作為思想論述的載體，並以出版或籌組讀書會作為發聲場域，在某種程度上也反映了一國的政治發展與民主狀態。

憶想早昔白色恐怖時期，台灣的知識菁英遭

到大規模整肅，其中最容易遭到檢舉、造成最多受難者的類型就是「讀書會」。許多原本單純好學的知識青年，基於對社會環境與政治現狀的不滿，為了更進一步探討社會政治相關議題，才因此加入讀書會、研讀左派書籍和思想理論。

豈料後來卻不明就裡地受到牽連，致使身陷囹圄。比如已故前輩作家葉石濤的短篇小說《紅鞋子》，即是描寫當年他因參加讀書會，遭以「知匪不報」的罪名蒙冤入獄的情節始末。另外還有台灣文學史上最大規模的「民主台灣聯盟案」，被捕的陳映真、吳耀忠等人最初也都是從組織一個「讀書會」而起頭的。

這些案例根據審判結果，輕者通常入獄數年，重者則失去性命，甚至連帶影響更多家族失去了親人，從此改變一生。即使是在出獄之後，長期的監視、社會的恐懼都讓他們如同活在大型的牢籠，承受各種精神上的無形壓力與煎熬。曾經相當長的一段時間裡，處在戒嚴體制下的「讀書會」儼然成為禁忌的代名詞。

來到解嚴以後，真正意義上的「讀書會」面向大眾（商業）出版市場，起始於上世紀90年代末。當時有些出版社為凝聚愛書人的消費忠誠度，並減少對連鎖書店傳統通路的依賴，便以成立「讀書俱樂部」（Book Club）的形式來和讀者建立最直接的關係。

諸如遠流出版社主打推理小說族群的「謀殺專門店」（1997-2005）、城邦出版集團的「書蟲俱樂部」（1999-）、天下遠見「讀書俱樂部」

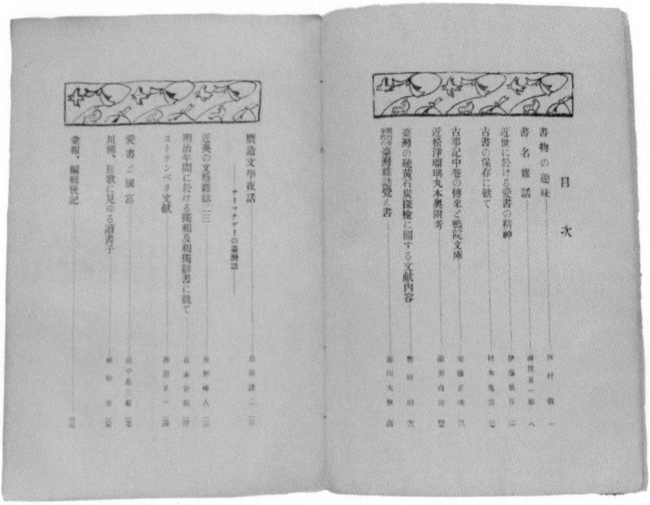
目次

書物の趣味
書名雜話
近世に於ける愛書の精神
古書の保存に就て
古事記中巻の傳來と鴨院文庫
近松浄瑠璃丸本奥附考
臺灣の硫黄石炭探檢に關する文獻內容
臺灣雜誌覺え書

臺語文學夜話
近英の文藝雜誌二三
明治年間に於ける獨和及和獨辭書に就て
ストリンベリ文獻
愛書と國富
川柳、狂歌に見ゆる讀書子
會報、編輯後記

《台灣日日新報》社長河村徹在一九三三年《愛書》創刊號發表〈書物の趣味〉一文（舊香居提供原件，作者翻拍）

（2001-）、時報文化的「時報悅讀俱樂部」（2002-）等。無論你住在多遙遠偏僻的地方，只要繳交少許費用、成為會員，就能每月定期收到出版社寄來的讀書情報資訊，並享有新書優惠折扣，同時也能參加各種主題的導讀會或演講，跟擁有同樣閱讀興趣的書友彼此互動，一起分享各自的讀後觀點與心得。

追想「台灣愛書會」：無可取代的紙本溫度

回顧過去這些曾經在不同時代潮流下各領風騷的眾多「讀書會」社群當中，私以為最能兼顧推廣閱讀知識與生活趣味，且令愛書成癖的「書痴」（Bibliomania）們最為心嚮往之的，無疑自當首推創立於日治時期一九三三年的台灣出版史上第一個書迷同好團體「台灣愛書會」。

大致上，「台灣愛書會」會員多以當時在台的日人知識分子為主，包括《台灣日日新報》社長河村徹、台灣總督府圖書館館長山中樵，以及在台北帝國大學任教的文政學部教授植松安、文學評論家島田謹二、詩人學者矢野峰人等，並於一九三三年六月到一九四二年八月發行十五期的《愛書》雜誌，由當時剛從日本回台的青年作家西川滿擔任主編兼發行人。

閱讀河村徹在《愛書》創刊號發表〈書物の趣味〉一文，即可窺見該團體獨具丰采的核心思想和旨趣所在：「蒐集原版書作為書物嗜好之一於今極為盛行。原版書保存有該書發刊時代的香氣與品味，於單純的蒐集之外，因為能辨識時代文化、社會事情，於文化史上貢獻之處頗多。……書物趣味之一是『舊書店』；有心要搜尋特定目的物，或漫無目的只是想逮獲任何珍貴稀有書籍時，都可來舊書店網魚。不一定是要中毒極深的『蒐書狂』，對書物有興趣的愛好者，都會因此留下極深又難以忘懷的回味」[1]。

除了一般演講活動和座談會，「台灣愛書

1 參考河村徹，1933年6月，〈書物の趣味〉，《愛書》創刊號，台北：台灣愛書會發行，頁1-7。

會」更首開時代風氣之先，於一九三六年策畫了一場別開生面的史上第一回「裝幀展覽會」。展出內容主要著眼於藝術色彩濃厚，選定一百五十種特裝本、絕版書作為嘗試。

僅以裝幀形式而言，就有結草蟲的蓑衣、竹皮、法帖[2]、麻袋、蛇帳[3]、漆研出[4]、帷幔、軟木等各式各樣充滿手工趣味的材質，幾乎匯集了台日兩地「愛書會」同好們所各自收藏的精美書籍共聚於一堂，堪稱琳瑯滿目、蔚為大觀。

此外，「愛書會」同時也跟「台北書物同好會」、「台北古書籍商協會」等民間單位合作，於一九三八年至一九四一年間共舉辦了六回的「跳蚤書市」。其活動旨趣在於節約物資、愛惜舊物，並透過現場寄售方式，相互交換平日不用的書籍，以便讓其他的愛書人能夠有緣買到珍本，更可趁歲末之際整理自家藏書，且在知識交換層面發揮了極大的流通作用。

一如其名，該團體「台灣愛書會」與同人刊物《愛書》雜誌所有關注的焦點，皆離不開與「書」相關的話題討論。特別是有關紙本書的實體（Physical）物質層面，包括裝幀設計的視覺衝擊、印刷紙張的觸感、古舊書的氣味、二手交易的保存與流通等。耐人尋味的是，這些高度仰賴親身感受實體物件的「書物」特質，往往也都很難被「非物質性」（Immateriality）的線上媒介所取代。

線上轉型之必要？閱讀是一場分享的盛宴

科技帶來了便利，同時也改變了人們的互動與社交模式。

平常的日子裡，我們可以透過網路隨時與遠端的親友聯繫，即便足不出戶，無須與人交談，也能直接上網購物點餐。另外還有臉書、LINE等線上社群讓我們尋回學生時代離散多年的老同學，或是與那些不曾見面的臉友相互點讚留言「表達關心」。所有一切事物，彷彿因此產生擁有整個世界的錯覺，令人目眩神迷，欲罷不能。相對地，一旦要是沒了手機，或者網路一斷線，許多人便會頓時感到焦慮，缺乏安全感。

來到二〇二一年五月的疫情風暴下，全台進入三級警戒，眼前的景象卻又如幻夢般再度反轉。按規定，一般民眾須儘量減少外出，甚至開始隔離生活，在家辦公上課，難免有感似「坐監」的苦悶。但也有人認為，像這樣偶爾短暫的「自我囚禁」，反而擁有了更多和自己獨處、沉澱的機會。

2 供人臨摹或欣賞的名家書法拓印本。
3 皮影戲表演舞台使用的蛇形圖案刺繡佈景。
4 日本傳統漆器工藝品。

換個角度來看，人們似乎開始發現，生活本身其實也能過得相當單純，學習新知與意見交流在本質上也都不必群聚，很多事情並不需要像之前那樣頻繁奔波、過度努力，至於每天外出往返另一個固定地點上班上學的這種模式，似乎也並不是那麼必要。

有的人難得多出了時間，才因此讀了平常沒空讀的書、看了平常沒空追的劇；有的人則是因為無法出門，所以只好在家認真研究各種做菜煮食等烹調方法。我暗想，幾乎全台灣每個家庭的料理技術，應該都會在這一兩個月內有著前所未有的突飛猛進吧！

尋找自我的荒島書單

居家防疫期間，書籍雖非民生必需品，卻是能夠讓人在這充滿不安、焦慮和煩悶的生活情緒當中，予以安頓身心的一帖良方。特別是在讀過一本能夠引起共鳴的好書之後，那種足以令人回味不斷的感覺，簡直就像電影《刺激 1995》男主角安迪趁典獄長不在時擅自播放莫札特的歌劇而被關禁閉兩週，雖然每天都在黑暗中度過，內心卻相當滿足於擁有音樂陪伴的美妙。

如今隨著疫情持續延燒，短期內大概不容易回到原本的常軌，我們更需要透過閱讀來重新思考並找尋新的工作與生活方式。

針對未來可能長期與外界隔離的生活狀態，

過去老早就有人提出所謂「荒島書單」：設想自己倘若有一天像魯賓遜那樣流落到荒島，那麼你將會選擇隨身攜帶哪些書籍陪伴？即便反覆閱讀也不厭倦，至少足以快樂地過個一年半載，從此地老天荒。

談起以「疫情」或「隔離」為主題的書籍，我們首先想到的大概會是丹尼爾．笛福（Daniel Defoe）的《魯賓遜漂流記》，再來還有卡繆倡議「對抗瘟疫的唯一方法就是正直」的代表作《瘟疫》（La Peste）；或者薄伽丘（Boccaccio）描述一群朋友在黑死病來襲的城外宅邸自我隔離，藉由每人每天一篇故事接力來消磨漫長時光的《十日談》；要不就是馬奎斯（Gabriel Garcia Marquez）的《愛在瘟疫蔓延時》、羅伊德．瓊斯（Lloyd Jones）的《在荒島上遇見狄更斯》、楊．馬泰爾（Yann Martel）的《少年 Pi 的奇幻漂流》等相關著作。奇妙的是，當你欲向每個人詢問他們各自心中的「荒島書單」時，往往得到很多極有趣或具啟發性的答案。

相對而言，只要一提到自己的荒島書單，就很可能一直難產。但凡面對喜愛之物，人們通常愈是難以抉擇。因此，便有書店業者進而發想，與其讓讀者陷入如何選書的苦惱，倒不如考慮「不知道將會收到什麼書」的神秘方式，將書名隱藏在包裝底下，包裝外面僅有簡短的推薦語作為內容提示，令讀者彷彿產生一種日常閱讀的意外收穫和收到禮物的驚喜。

類似隱匿書名的創意形式，亦可見花蓮「時

光二手書店」於五月底策畫推出的「閱讀在瘟疫蔓延時：主題書包」。顧名思義，所謂「主題書包」即是由店家設想出各種不同趣味主題的包裹組合，諸如「旅行的意義」、「火車欲去叨位」、「帶你回花蓮」、「小說家的童年」、「吃土長大的」、「世界是一座劇場」、「時光撐香港」、「瘟疫時期，做好藝術」、「寶島新作家」、「愛眠夢的人」等。

此處每個書包大約精選三到四本書，書包外面也都會附上一點文字簡介，價格則是設定有三種：四百九十九元、五百九十九元與六百九十九元。放眼整個過程就像是在抽玩具「盲盒」一樣，在這些一個個的「書包」內裝著各類相關主題的書，抽盒時根本不知道裡面到底有哪些書名內容，抽到什麼書完全是靠運氣，以及仰賴店員私心推薦的信任感，因此每抽一次都是驚喜！

實體書店的線上社群經營之道

過去長期以來，民間各地獨立書店、實體書店、出版業者早已面對著電商經常大打「折扣戰」帶來的衝擊，現在又因防疫政策關於社交距離與禁止室內飲食的規定，大幅限制了許多「複合式」實體書店（餐飲＋書籍消費）既有的空間優勢，使得原已在夾縫中求生存的獨立書店處境無異更是雪上加霜。

然而，假使往後人們買書不再需要出門，不再需要親自來到書店浸淫在某種與書相遇的現場氛圍。那麼，如此一來是否同時意味著：當我們在生活中愈是關注並強調線上購書、線上講座、線上讀書會等數位化轉型的媒介功能與重要性，似乎也就相對表示實體書店的存在價值愈來愈低？

伴隨著書籍型態從紙本到數位的時代變遷，人們透過線上的閱讀形式也從最初側重視覺的數位圖文社群網站（Blog、Plurk、FB、Line），接著又有了滿足聽覺互動的聲音媒介（Clubhouse、Audible 有聲書與廣播劇），然後則是能夠整合多媒體會議交流的直播視訊（Google Meet、Zoom、Webex），未來甚至更進一步發展出提供使用者身歷其境的多種形式，來滿足不同類型讀者的需求，也讓彼此之間分享閱讀及討論的過程變得更有彈性。

在這個紙本閱讀量逐年下滑的數位時代，今後開書店最重要的關鍵，將不僅止於著重傳統空間氛圍的營造，也絕非只把課程或講座內容輸出、放到網路上就叫做「數位化」，而是能夠以實體經營為根基，透過整合線上與線下資源彼此互補並進，持續跟讀者保持連結與互動，藉此培養屬於自身消費忠誠的讀書社群，乃至轉型成為提供社群交流的付費知識內容平台。

比方在新北永和鄰近社區深耕多年的「小小書房」，除了原先採「收費制」經營各種主題的文學及社會學的實體讀書會之外，更早在武漢肺炎迅速擴散至全世界的前一年（2019），便已開始「超前佈署」試辦「限定會員制」的 Telegram

線上讀書會。

近幾年，無論是全台各地的獨立書店，或是出版社與民間企業人士自主成立的讀書會，整個市場趨勢很明顯逐漸朝向社群經營（包括實體及網路）「分眾化」、「專業化」發展，並透過精選好書、讀者共讀、互動參與等方式，讓那些沒空選擇書籍、消化知識的民眾可以利用零碎的時間來進行閱讀思考，同時也為書籍增加行銷的機會。

值此大疫紛亂之年，即便疫情在不久後的未來得以順利趨緩，然而嚮往過去「清零（確診）」的美好時日，卻也終究是回不來了。防疫管控之下，在這個（被迫）慢速運行的城市裡，有許多原本曾經熱絡的地方已是格外冷清，但也有不少獨立小書店仍然頑強而現實地生存著，用自己獨特的適應方式（除了賣書，還包括接案、餐飲、帶活動等），固執地維持一些優雅的抵抗。

畢竟，人們絕大部分的創意都是在面對面的情境下共同激盪出來的。正如許多科幻電影結局總是不忘提醒觀眾：關上螢幕登出網路，從虛擬的數位空間裡走出來，品嚐現實世界的酸甜苦辣，體會真實的人生。

——（本文原刊於2021年7月9日《聯合報》「鳴人堂」專欄。）

第五章

藝術與書的未來進行式——智海、倪和孜「龜兔賽跑之全景反射」雙個展

藝術與書的未來進行式一
智海、倪和孜「龜兔賽跑之全景反射」雙個展

二〇二〇年舊香居藝空間舉辦以「藝術家書籍」（Artists' Books）為主題的智海、倪和孜「龜兔賽跑之全景反射」雙個展。（作者自攝）

猶記得十多年前，我最早是從舊香居書店認識了來自香港的智海，以及他和江康泉首度嘗試結合漫畫與文學這兩種形式，針對劉以鬯、西西、梁秉鈞（也斯）、吳煦斌、黃碧雲、董啟章、韓麗珠等香港文學名家作品，進行（視覺化）改編和再創的實驗先鋒之作《大騎劫：漫畫香港文學》。

早昔印象中的智海，整個相貌氣質幾乎都和十多年後的今天一樣沒什麼改變，仍是留著樸素的齊耳短髮，一貫的寡言、低調、清瘦、靦腆。如他帶有濃厚半自傳色彩的《默示錄》，純以黑白線條勾勒出被人群與社會放逐的疏離和絕望；又彷彿他所迷戀的作家卡夫卡（Franz Kafka）那般敏感、沉鬱、內斂而執著。不僅對於獨立漫畫這份志業始終抱持著勇敢嘗試新事物的熱情，同時更是個對舊書特別情有獨鍾的重度書痴。

智海喜歡收藏封面設計具有時代美感的舊書、絕版書，過去他偶然從舊香居和台北其他二手書店，找到了許多七〇年代香港畫家蔡浩泉替今日世界出版社繪製封面插圖的書籍，此外他也熱衷前往日本、歐洲等海外各地舊書店淘書尋寶。翻覽冊頁之間，那些精心手繪的線條筆觸，大膽鮮明的印刷配色，讓買下這些舊書的智海總是小心謹慎以透明書套包覆珍藏，偶爾還會把它們帶在身邊反復閱讀。

誠如當代法國思想家傅柯（Michel Foucault）指稱，城市中往往有一些介於現實與虛構之間的「異托邦」（heterotopia）空間。它

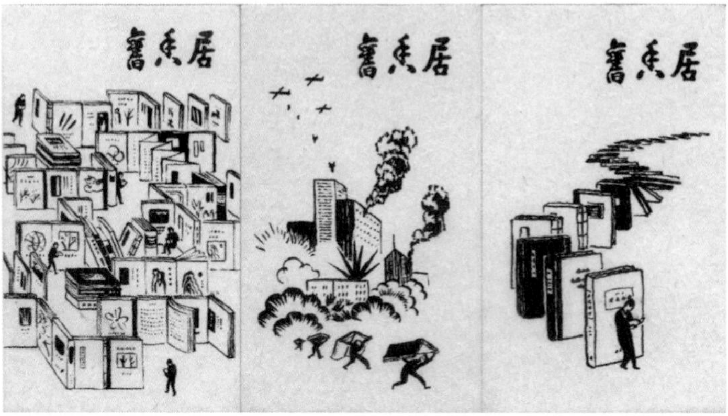

書本，乃是香港獨立漫畫家智海沉溺自我的精神寄託，也是他轉型從事藝術創作的養分來源。該圖為早年智海接受舊香居委託繪製的名片設計。（作者自攝）

就像一面鏡子，讓人們得以照見自身，反映出資本主義社會的種種荒謬與想像。對智海而言，繪畫儼然是他內心世界的一種映射，生活本身即是繪畫的一部分。而書本，則是沉溺自我的精神寄託，亦是他從「獨立漫畫」（Alternative comics，又稱「非主流漫畫」）轉型投入「純藝術」（Fine Art）創作的養分來源。

畫漫畫，喜歡書，又把書拱來拱去

金牛座出生的智海，曾把自己比喻成一頭在某處角落安靜吃草的牛。大學時期經常翹課躲在圖書館裡畫圖，一邊選修法語、大量看法國電影，因而接觸到歐洲漫畫開拓了眼界。同時也一邊土法煉鋼自學素描和各式技法，並借用館內的影印機自印作品，以A4紙折成一本八頁的小畫集，每隔兩周或一個月在學校食堂門口發放。後來甚至自己繪製封面，直接拿到書店去賣，還曾在旺角的東岸書店擔任兼職店員。

無論何處，只要看到有人喜歡而收下自己作品時，就會讓他感到非常滿足與自信。「如果你喜歡畫，就畫吧；沒有人幫你印書，就自己印，自己出版」。智海坦言，當年通往獨立漫畫的這條路，其實都是像這樣跌跌撞撞自己走出來的。

一九九七年手工自印第一本漫畫集《The Writer》；一九九九年自費出版《The Writer And Her Story》（後於 2007 年由廿九幾、Kubrick 重版發行）；二〇〇三年麥穗出版《默示錄》；二〇〇六年與歐陽應霽合編《路漫漫：香港獨立漫畫25年》，並與 Eric So、小克、楊學德等跨界藝術家共同完成《香港春捲》漫畫合輯首度在台出版；二〇〇七年集結了原先在明報副刊連載、與江康泉合著《大騎劫：漫畫香港文學》，同年再與鴻鴻合著漫畫小說集《灰掐》；二〇〇九年接連發表兒童故事系列的《花花世界》。

回顧智海的創作歷程，儼然便是近二十年來香港獨立漫畫發展史的縮影。由於很早就能夠身體力行、沉浸於自製推銷限量「手工書」的樂趣當中，同時又有在書店工作與自費出版的經驗，令他大致了解書市的運作流程，亦懂得如何把自己的作品透過印刷和裝幀來傳達給普羅大眾。

近年經常活躍於港台兩地獨立出版刊物

活動展覽的智海，因緣分牽繫，在台北遇到了日後對他創作思維與風格皆產生深遠影響的「nos:books」（挪石社）創辦人及主編倪和孜，兩人既是同為藝術家的夥伴關係，又是彼此在生活上相互扶持的人生伴侶。

大學就讀中原商業設計系，同時熱愛素描、繪畫及手作印刷書的倪和孜，很早就開始對採用書籍的物質形態作為概念媒材的「藝術家創作書」（Artist's Book）深感興趣，並以本名「和孜」諧音喚作藝名「兒子」（Son Ni）行走江湖。二○○八年又頗幽默地以反轉英文「Son」之名創立了「nos:books」，中文譯為「挪石」則有比擬「愚公移山」之喻，藉此形容他們經常扛著一堆如磚石沉重的書籍四處移動，出國參展兼賣書。

「挪石社」常以出其不意的姿態，且賦予藝術家無限可能的想像概念，利用小型活版圓盤印刷機，還有像是版畫般以單色疊印來完成印刷的RISO孔版數位快印機，嘗試做出比普通機械印刷更加驚人、形式不拘一格的實驗藝術之書。除網站行銷，也發行至台港歐美各大城市特選書店，閒餘時亦販售經揀選之各國限量畫冊和各類珍奇絕版書。

不是在夢裡，就是在書裡

在日常工作習慣上，智海與倪和孜這對親密夥伴，就像是童話故事裡彼此競爭賽跑的烏龜和兔子：智海心思細膩，其筆下層次豐富、自在

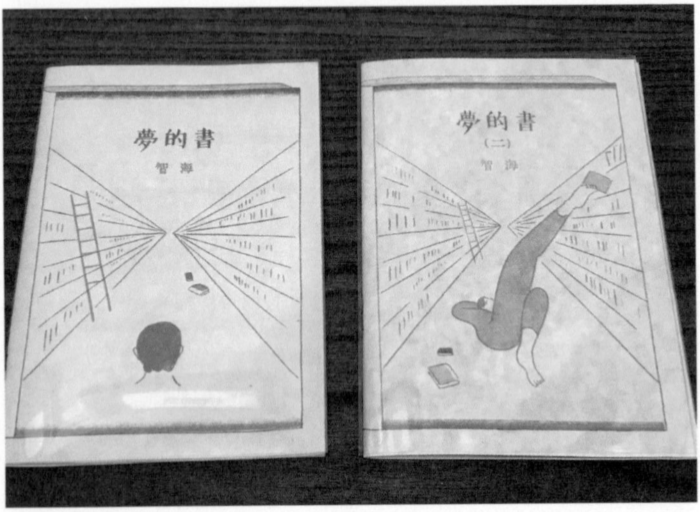

二〇一三年「挪石社」出版智海的第一本刊物《夢的書》，以及二〇一七年發表續篇《夢的書（二）》。（作者自攝）

寫意的畫作內容，往往快速反映在他想表達給人的即時思緒與直觀情感當中，所以是兔子；倪和孜則是大而化之，看似簡潔的畫風背後，卻是經過長時間的思考沉澱才能夠慢慢累積出來，因此是烏龜。但在骨子裡，兩人其實都是愛書愛到無可救藥，對於他們認為不重要的事情向來很無所謂，而對於珍愛的事物卻是用心專注到近乎偏執。

因此，智海於二〇一三年在「挪石社」出版的第一本刊物《夢的書》，及其後二〇一七年發表續篇《夢的書（二）》等內容，成為了這回在舊香居藝空間首度以「雙個展」形式舉辦「龜兔賽跑之全景反射」展出智海、倪和孜兩人作品的重要主軸之一。

顧名思義，所謂「夢的書」，意即儘管在睡夢當中，都會讓人忍不住朝思暮想、渴望獲得的書籍，或泛指那些自身珍藏已久的、買不起的，甚至捨不得借給人的鍾愛之書。主要包括日本插畫大師安西水丸的第一本單行本漫畫集《青の時代》（青澀時代）、香港作家葉輝的中篇小說《尋找國民黨父親的共產黨祕密》、現代色彩學理論大師約翰·伊登（Johannes Itten）的扛鼎之作《色彩藝術》（The Art of Color）、捷克傳記作家漢斯·格德·科赫（Hans-Gerd Koch）的《當卡夫卡遇見我時：弗朗茲·卡夫卡的回憶》（Als Kafka mir entgegenkam: Erinnerungen an Franz Kafka）、義大利畫家喬治·莫蘭迪（Giorgio Morandi）《風景的本質》作品集（L'essenza del paesaggio）、《吳煦斌小說集》、瑞士女性先鋒藝術家米瑞安·坎（Miriam Cahn）作品集《覆蓋的逃生路線》（Überdachte Fluchtwege）等。

就像當年立石鐵臣以「即物細密描寫」的工筆方式，將他生平喜愛的昆蟲和植物標本畫成一幅幅精緻無比的細密畫（miniature），智海亦將自己所愛之書視為某種另類「書籍標本」，從封面、封底到書脊一筆一畫地詳細勾勒出來，彷彿這本書的靈魂就能夠永遠被畫家烙印在心中。

除此之外，有些描繪的書籍對象則是純屬虛構、根本不曾在現實世界裡出現的幻想之書，比如鮎川次郎的《上帝美術館》、上官華的《屁眼懸崖》、《隱蔽的天堂：Google Maps 對你隱藏的50個地方》（Hidden Paradise: 50 Places

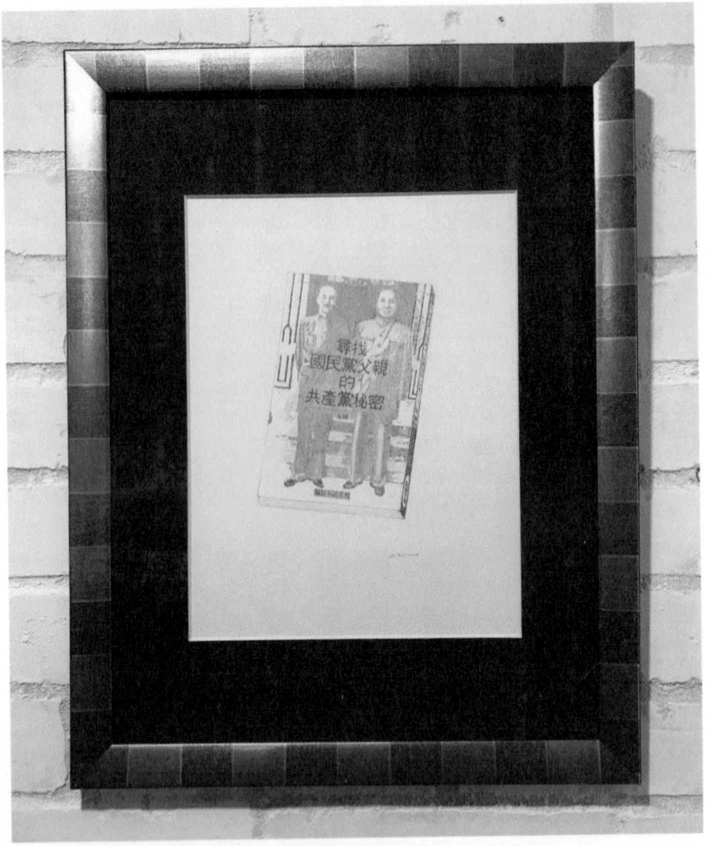
尋找
國民黨父親
的
共產黨秘密

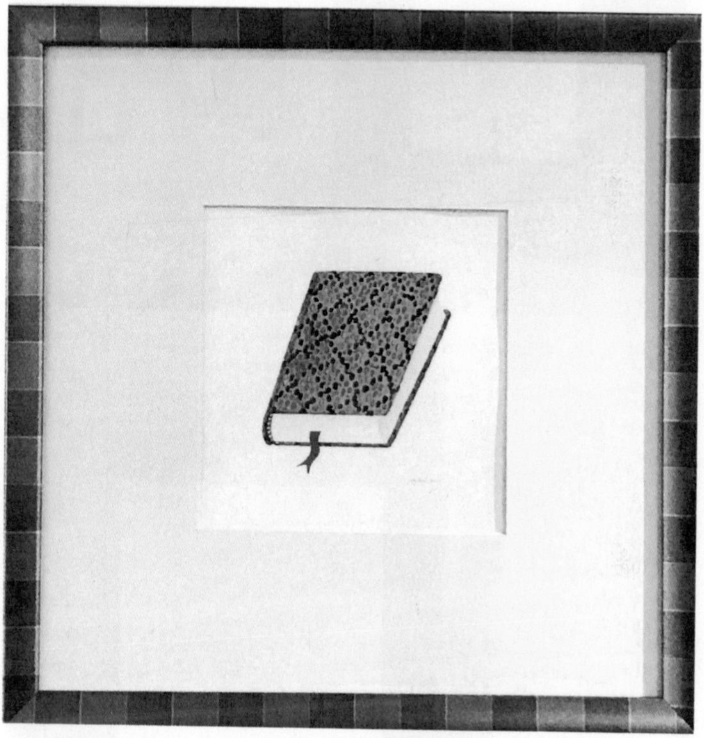

智海以「即物細密描寫」的工筆方式繪製香港作家葉輝的中篇小說《尋找國民黨父親的共產黨祕密》封面書影，以及想像中露出布條書簽正在吐信的蛇皮書。（作者自攝）

智海以「即物細密描寫」的工筆方式繪製瑞士女性先鋒藝術家米瑞安．坎（Miriam Cahn）作品集《Überdachte Fluchtwege》（覆蓋的逃生路線），以及純屬虛構 C. H. Yeung 的《Dead Can Paint–Stories of the Deads of Master Artists from Giotto to Sanyu》（死者能夠繪畫——藝術大師從喬托到常玉的死者故事）。（作者自攝）

where Google Maps hide from you）、C. H. Yeung的《死者能夠繪畫：藝術大師從喬托到常玉的死者故事》（Dead Can Paint: Stories of the Deads of Master Artists from Giotto to Sanyu）、Calvin S. Hall的《我們如何在夢中感知空間》（How We Perceive Space in Dreams），以及《周公解夢》等。

略觀整體書單，有的書名看似荒誕、無厘頭，卻又充滿天馬行空的想像空間而讓人有所期待。對此，擅長以「書」和「夢」建構出一層層幻想帷幕的智海，甚至還將自身的存在象徵（生肖屬蛇，喜歡書）畫成了一本露出布條書簽正在吐信的蛇皮書，這些作品似乎也都輾轉隱喻著「夢境是自身真實面目的潛意識展現」、「一切真實都來自於虛構」的核心概念。

關於「副本」與「原作」的思辨

從二〇〇八年創立至今，長期致力於獨立手作印刷書的「nos:books」（挪石社）已出版了超過三十種深具實驗性的藝術畫冊、概念書籍、絹印版畫，也包括彩繪錄音帶、書本造型橡皮擦，甚至還有能夠讓人享受老派偷窺樂趣的兩款掌中型幻燈機《Peep House》與《香港午安》。前者收錄「兒子」（Son Ni，本名倪和孜）以植物枝葉與人體肢體交迭為主題創作的八幀情色拼貼作品；後者則藏有智海描繪一系列色彩奇異——從機場到文華酒店、獅子山到八仙嶺的香港八景。

由於受到歐洲漫畫的影響，智海與倪和孜多喜歡嘗試各種不同繪畫媒材，包括油畫、粉彩、

二〇二〇年舊香居藝空間展出倪和孜繪製一套深具概念實驗的手工書「系列12」，讓參觀者藉此重新省思關於書籍跟藝術品的價格與價值、限量與複本的觀念。（作者自攝）

絹印、炭筆、鉛筆、墨水皆可入畫，但兩人一直以來的共同最愛，卻是看上去始終最為簡單樸素的鉛筆素描。他們認為，即使只用鉛筆的灰暗色調也能描畫出另一種繽紛的層次，其筆尖觸及紙張的效果直接反映了手感的細微變化，而鉛筆經過反覆擦拭和修改的痕跡又會產生某種畫面的景深，以及墨水無法做到的憂鬱氣氛。另外還有考量現實的一部分重要原因，就是彩色印刷的成本要比黑白單色印刷貴四倍！

在風格上，智海特別心儀當代德國藝術家安克．費赫契伯格（Anke Feuchtenberger）以炭筆堆疊出冷酷異境般的質感，沉鬱嚴肅的強烈黑白畫面透露著一股難以言喻的悲傷和絕望，以及芬蘭漫畫家 Amanda Vähämäki 樸拙而厚實，並且刻意在完成品上留有一些草稿線和污跡的鉛筆畫作。類此表現手法不難從在智海的繪畫裡找到些蛛絲馬跡。

與之相對地，倪和孜則是非常欣賞上世紀六〇年代活躍於戰後紐約的「極簡主義」（Minimalism）與「觀念藝術」（Conceptual Art）先驅索爾・勒維特（Sol LeWitt，1928-2007）。使用最基礎的幾何元素作為藝術創作的標準結構，勒維特的作品每每具有一絲不苟的工業美學和理性的抽象特質，尤其強調序列化、重複與連續。勒維特宣稱藝術不是為了刺激觀眾的眼球與情緒，而在於引導他們的理性思維，並且相信觀念本身就可以構成一件藝術作品。他常告誡年輕藝術家，不要費心去追求時尚，而是要去創造反時尚。其間對於藝術的思維邏輯與諸多想法，皆與倪和孜往常的創作風格頗有異曲同工之妙。

「物以稀為貴」的價值觀背後

向來以「限量」（Limited Edition）、「手作」（Hand-Made）特色作為品牌號召的「挪石社」生產者及發行人，倪和孜一直都在思考藝術「原作」（Original）與「副本」（Printed Copy）的價值觀問題，以及書籍的版本、數量和價格之間極其微妙的相對關係。

譬如強調某件物品的存世數量越稀少，無論是透過市場心理學的「飢餓行銷」（這次錯過，下回就沒機會了），抑或強調「物以稀為貴」的情況下，為何通常都要比一般物品更能激發人們搶購的行動力？又比方有些在印刷廠印壞了的書籍或郵票，原本可能直接當作瑕疵品或廢棄品丟掉，為何卻會被某些人視為具有珍稀價值的「錯版」收藏？

二〇一六年，倪和孜與智海偕同參加「紐約藝術書展」（The New York Art Book Fair），趁空檔之餘走訪當地「猶太人博物館」（The Jewish Museum）正舉辦的「帶藝術品回家」（Take Me-I'm Yours）特展。該展覽邀集了小野洋子、Lawrence Weiner、Carsten Höller 等四十位當代著名藝術家，並且為了顛覆人們過去對於博物館的傳統規範，不僅讓參觀者可以動手觸摸展品，還能隨意將自己喜歡的藝術品免費帶走。此番奇妙的觀展經驗，更讓倪和孜進一步深思並質疑藝術品原件講求「獨創」、「唯一」、「珍貴」的形象和意義。

誠如德國評論家班雅明（Walter Benjamin）指稱，機械複製的時代演進改變了人們的觀看方式，彼時攝影術的發明與「副本」的存在，反而加強了對「原作」和「原創性」（Authenticity）的崇拜。由於影像可以複製，但「原創性」無法被複製，因此像是照片、版畫等可複製媒材的藝術作品「版數」愈稀少，其市場「價格」也就相對愈高。

倪和孜認為，所謂「物以稀為貴」追求的已經不是物品本身的實用價值，而是人們賦予的社會價值和認同感。為此，她特地在舊香居藝空間展場設計製作了一套極為有趣且深具概念實驗的手工書「系列12」。該書籍內容主要將她過去近五年曾經公開發表的繪畫作品重新分類、編輯成為序號名稱《1》到《12》的十二款手工書，各款數量採取「等差級數」（arithmetic series）模式隨編號遞增，比如《1》有一本、《2》有兩本、《3》有三本……《12》有十二本。每款總價都是36,000元，將其平均除以各款序號之數量，即可得出每一款式不同的單冊價格。

比如序號《1》只有一本，單冊價格為三萬六千。序號《2》有兩本，單冊價格為一萬八千。以此類推，序號《12》有十二本，單冊價格為三千。而牆面上的十二張畫，則是倪和孜從十二款手工書各挑選出一張作為重點展覽。透過這套總共七十八本的手工書「系列12」，倪和孜嘗試以數學「等差級數」創造出一個完整的規範體系，讓參觀者藉此重新省思關於書籍跟藝術品的價格與價值、限量與複本的觀念。

即使是抽象的幾何線條，也都充滿了作畫時的激情

倪和孜的畫作常以抽象的幾何圖形和智性的線條結構為基調，不時亦有象徵植物花草或人類肢體曲線的一點點性感、詼諧、調皮及慧黠穿插其間，一如倪和孜的畫冊《葫蘆》、《The Great Fall》、《The Sun's Shadow》書中所見，甚至包括她早期出版父親以旅館「摺棉被」造型影射性

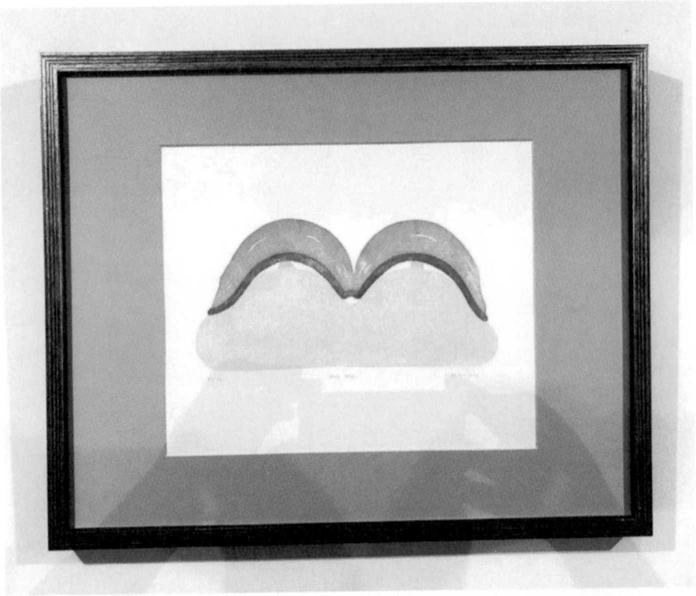

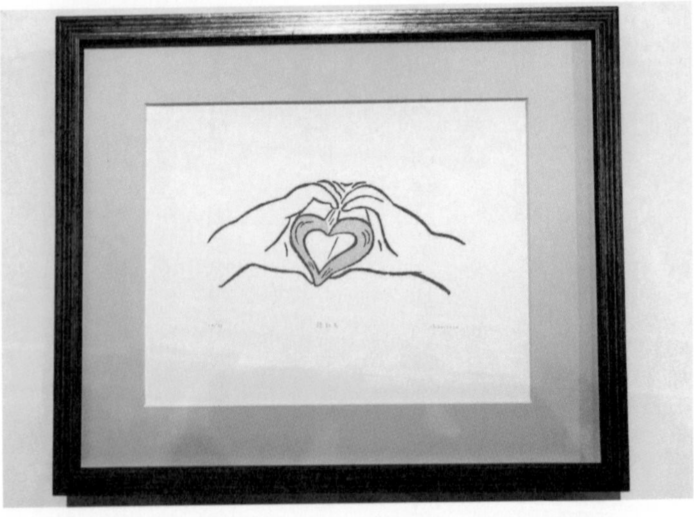

智海的木刻套色版畫「書奶罩」（左圖）、「顏如玉」（右圖），雖帶點情色卻用幽默的方式呈現。（作者自攝）

暗示的《床上拓墣學》（Topology In Bed），這些作品皆彷彿極簡的平面雕塑，且以一種數學邏輯式的、有機的規律相互牽連，彼此共同交織成一幅帶有濃烈戲劇張力、欲將畫家內心情感解放出來的潛意識圖景。

無形中，近年智海的作品似乎也受到了某種潛移默化的影響。先是二〇一五年有了觀看成人影片的瞬間、予以畫筆捕捉肉體慾望與藝術審美眼光的情色素描集《粉紅佛洛依德》出版問世，因其內容是帶有情色的圖畫，所以四面都封黏起來，讀者須以拆信刀從書口側邊一頁頁慢慢割開才能窺探全貌。其後，二〇二〇年八月，在舊香居藝空間展覽上，智海又繪製了「書奶罩」、「顏如玉」等木刻套色版畫，雖帶點情色卻用幽默的方式呈現，同時更以簡明構圖的「三叉踢」、「三叉拳」、「吃屎」等墨水畫作，相當直白地表達對香港警察在「反送中運動」濫用暴力迫害抗爭民眾的悲痛及憤怒。

香港最後一個漫畫詩人？

回顧二〇一九年初，在台北當代藝術博覽會展出油畫作品的智海，曾被主辦單位喻為香港最後一個漫畫詩人。他和同自香港獨立漫畫出身的楊學德，皆是目前少數能夠從漫畫界成功轉型進入純藝術領域的代表畫家。對他們而言，香港始終都有著一種躲不開又揮不去的文化鄉愁。

那時為了試圖留住老一輩人記憶中關於香

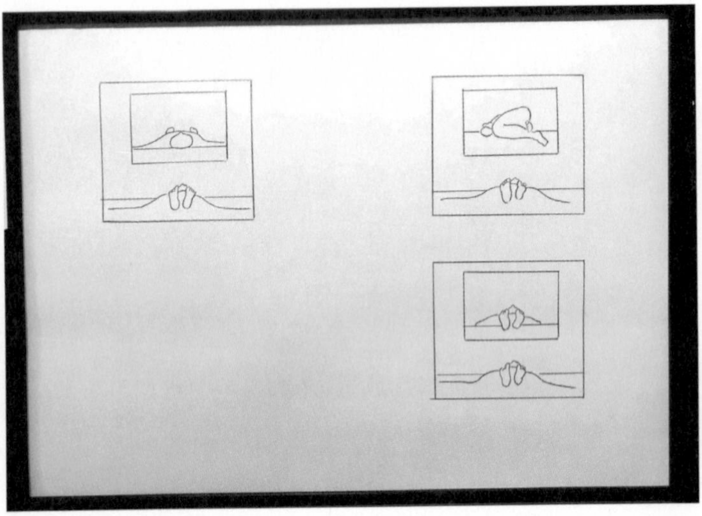

倪和孜（Son Ni）的畫作常以抽象的幾何圖形和智性的線條結構為基調，不時亦有象徵植物花草或人類肢體曲線的一點點性感、詼諧、調皮及慧黠穿插其間。（作者自攝）

港早期的故事和歷史，二〇一八年智海在「挪石社」出版的《圖書館&我和我聖人》漫畫集裡特別虛構了一本書名《Tales of The Lost City》、實際上可能並不存在的書。另外他也在《圖書館&我和我聖人》收錄〈借來的書〉這篇漫畫故事主角的書架上，清楚畫出吳煦斌的《牛》、蔡榮芳的《香港人之香港史》、也斯的《城市筆記》、寺山修司《幻想圖書館》、卡夫卡的《城堡》、楊學德的《錦繡藍田》、馬蒂斯的畫冊、蔣彝的《Silent Traveller in San Francisco》、向田邦子的《父親的道歉信》等藏書面貌，昭然揭示了作者本人的文學和藝術品味，以及對香港這座城的歸屬感。

若說智海、倪和孜雙方執著於愛書的意念，

智海的「三叉踢」（右下）、「三叉拳」左上）、「吃屎」（右上）等墨水畫作，相當直白地表達對香港警察在「反送中運動」濫用暴力迫害抗爭民眾的悲痛及憤怒！。（作者自攝）

構成了這回在藝空間舉辦雙個展的底蘊。那麼他們這些年來相互砥礪、彼此激盪而出的各式畫作，毋寧則是真切反映了兩人欲從現實社會的傳統規範中遁逃（就算在現實裡得不到的東西也可以畫下來），自由進出想像中藝術世界的生命軌跡。

——（本文原刊於2020年8月28日《聯合報》「鳴人堂」專欄。）

第六章

追尋自由的身影——立陶宛與藝術家之書

多年前，我曾深深著迷於波蘭大導演奇士勞斯基（Krzysztof Kieslowski）的經典電影《雙面薇若妮卡》（Double Life of Veronique）。片中講述兩個素不相識，卻有著相同面孔、相同宿疾且都愛好音樂的同名女子薇若妮卡，彼此之間似有一股神秘力量將她們兩人的命運連繫起來，像被隱形的線牽動著。

電影裡，其中一位波蘭的薇若妮卡對著自己的父親說：「我有種奇特的感覺，我在這世上並不是孤單一人的」；另一位法國的薇若妮卡也說著類似的台詞：「我覺得自己好像同時活在兩個地方，總該知道自己該做什麼」。所有的一切似乎都暗示著，雖然兩人都是獨立自主的個體，卻彼此平行依存，彷彿同樣的靈魂一分為二，形神互換死生共鳴。

因緣際會，二〇二一年六月中旬，立陶宛捐贈台灣兩萬劑AZ疫苗，數量雖不多，卻表達了不懼中國威脅的勇氣。立陶宛外交部長藍斯柏吉斯（Gabrielius Landsbergis）不僅在臉書分享台灣插畫家「蠢羊與奇怪生物」作品《致敬》，上頭畫有台灣黑熊，以及立陶宛國鳥白鸛，同時也在推特宣稱：「雖然是用很微小的方式，但我們能在抗疫途中為台灣人民伸出援手，為此我感到相當自豪。熱愛自由的人們應互相關照！」

許多台灣人在深受感動之餘，紛紛搶購立陶宛進口的「沃福斯」（Volfas Engelman）啤酒和「露特」（Ruta）巧克力來表達感謝，更讓我們重新看見這個位居東歐「波羅的海」旁有波蘭與俄羅斯等強鄰環伺、總人口不到三百萬、距離台灣非常遙遠又神秘的國家。

回顧過去百年歷史卻彷彿攬鏡自照，立陶宛與台灣有著太多相似的處境和命運：譬如同樣都是以小國之姿面對強大的共產獨裁國家的威脅，亦皆曾長期遭受外來政權的殖民統治，且都相當重視人權、強烈渴望（珍惜）民主自由，而內部至今也都還存在著激烈的族群對立與國家認同問題。

由一群好酒者和藝術家所組成的浪漫之國

自古以來，立陶宛人一向是個勇於改革、且非常喜愛唱歌的民族。

過去長達五十年的蘇聯佔領殖民期間（1940-1990），蘇共當局限制立陶宛人的言論自由，而他們卻仍可透過歌唱來維繫自身傳統文化，互相扶持走過那段艱難歲月。他們以歌唱凝聚國家認同，並藉此表達自身獨立意願、號召「非暴力」和平抗爭的模式稱作「歌唱革命」（Singing Revolution）。

自一九五〇年起，立陶宛人每隔五年都會定期舉辦「立陶宛音樂節」（Lithuanian Song Festival）活動。及至一九九〇年立陶宛恢復獨立之後，「立陶宛音樂節」也晉身成為國家慶典的重要地位。

二〇〇三年聯合國教科文組織宣布，將「立陶宛音樂節」列入「非物質文化遺產」（Intangible Cultural Heritage）。

最近的一次歌曲節於二〇一八年七月舉辦，為了紀念立陶宛建國百年，主要活動在立陶宛首都維爾紐斯進行，為期七天的音樂節，能夠看到來自全國各地的表演者，現場演出立陶宛傳統音樂、歌曲、舞蹈、戲劇等。除了表演者之外，很多前來捧場的觀眾也會身穿全套傳統服飾，以身為立陶宛人感到驕傲。

此外，立陶宛的當代藝術、攝影、繪畫也發展得相當興盛，境內頗多天然湖泊、河流及森林，自然景觀環境優美，各種有機農業和啤酒的生產品質極佳，整體的文化自信心非常強。

近年幾乎每隔一段時間我都會前往古亭捷運站附近的「童里繪本洋行」淘書尋寶，不時發現許多有趣的歐洲出版繪本和立體書。其中頗令我驚艷的一本，書裡呈現多層次縱深的鏤空紙雕技法，搭配不同深淺的藍，精細刻畫出月光下鳥樹蟲鳴剪影百態的法文版立體書《藍色花園》（Le Jardin Bleu）。作者 Elena Selena（1993- ）即是九〇後出生於立陶宛首都維爾紐斯、現居巴黎的青年紙藝家。

Elena Selena 先是畢業於維爾紐斯藝術學院，隨之以交換生身分進入巴黎高等埃蒂安納藝術學院（l'École Estienne de Paris）修習插畫、書籍設計及文字排版學。Le Jardin Bleu 原是她的畢業設計作品，後來得到法國 Gallimard 出版社的青睞，接著又歷時兩年，才最終完成這部初試聲啼就獲得廣大迴響的紙雕立體書。二〇一八年，第二部立體書《熱帶叢林》（Jungle）隨後問世，翻覽

二〇一七年法國 Gallimard 出版社發行立陶宛紙藝家 Elena Selena 的立體書《Le Jardin Bleu》（藍色花園）。（作者藏書翻拍）

冊葉之間，彷彿引領讀者一窺立陶宛境內原始森林蓬勃的生命氣息和百變樣貌。

綜觀同屬立陶宛的插畫藝術家曾經在台灣翻譯出版的中文繪本，還包括：莫妮卡．法斯那維奇涅（Monika Vaicenavičienė，1991-）以祖孫對話的探險形式講述世界各地水文特色的故事繪本《河流》（VAD ÄR EN FLOD?）、奧絲拉．裘杜萊特（Aušra Kiudulaitė，1978-）的《鞦韆上的狐狸》（Happiness is a Fox）、達利婭．卡帕維秋特（Dalia Karpavičiūtė）的《我從哪裡來？》（Where did Fluffy come from）、卡思特提斯（Kestutis Kasparavicius，1954-）的《書看書．魚釣魚》、凱貝辛卡斯（Rimydas Kepežinskas，1956-）描繪伊索寓言的《選哪條路走？》、黛安娜羅達（Diana Radaviciute）重新詮釋格林童話的《糖果屋》，以及愛格妮絲（Agnes Indre，1963-2015）的《繪本莎士比亞》等。他們的作品不只廣受立陶宛本地讀者歡迎，更經常斬獲國際各大童書獎項。

可想而知，一個總人口不到三百萬的國家，僅僅是繪本一項，竟有如此數量豐富的插畫作品輸出到台灣。無怪乎在民間自始流傳著這樣的說法：立陶宛乃是由一群好酒者和藝術家所組成的浪漫國度。

「書籍走私者」是守護文化的民族英雄

數百年來，立陶宛的國族認同相當複雜。

早在十六世紀中葉（1569），即與鄰近的波蘭王國締結成為「波蘭—立陶宛聯邦」（Polish–Lithuanian Commonwealth），從此長期深受波蘭語言文化的影響，亦曾是東歐地區最強盛遼闊、人口最多的國家。

之後，到了十八世紀晚期（1795），俄羅斯、普魯士、奧地利三國列強共同侵略並且瓜分了波蘭，等同宣告「波蘭—立陶宛聯邦」的滅亡，其中屬於立陶宛的大部分領土也遭受俄羅斯帝國併吞。

沙皇亞歷山大一世採用「分而治之」的政策，刻意使立陶宛人與波蘭人之間形成對立（影響至今，有些立陶宛人甚至認為波蘭文化是對立陶宛本土文化的入侵），隨後繼任的亞歷山大二世更在一八六五年宣布查禁立陶宛語刊物，並以俄羅斯「東正教」強制取代立陶宛人的「天主教」信仰。雖然人們平常仍可使用立陶宛語交談，但出版寫作卻被嚴令禁止，各地學校也規定必須接受俄語教育。

當時為了規避、抵抗俄羅斯帝國的圖書審查禁令，於是開始出現一群所謂的「書籍走私者」（Book Smuggler，立陶宛語：Knygnešys）。他們不惜冒著生命危險，嘗試透過各種方式暗渡陳倉，將國外印刷的立陶宛語書籍和期刊偷運至立陶宛境內。其中大部分書籍都是從普魯士邊境走私而來，也有一些取道美國出版商。

二〇一七年美國猶太神學院歷史學教授大衛·費什曼（David Fishman）出版的報導文學著作《書籍走私者》（The Book Smugglers）。

位在考納斯（Kaunas）「維陶塔斯大帝戰爭博物館」前廣場的「書籍走私者」（Knygnešys）雕像紀念碑。（Pofka CC-BY-SA）

最初，這些「書籍走私者」來自各行各業，並且不分男女年齡而獨自工作。他們通常先把書藏在裝蔬菜麵包的麻袋裡或有蓋的貨車中，運送到立陶宛境內的中轉站，然後再由眾多秘密組織的志願者將這些書籍分發到各地。有些走私者甚至會打扮得像乞丐，或將工具帶綁在腰間偽裝成工匠，用厚衣服掩蓋報紙和書籍。

一般來說，由於夜晚時的邊境守衛人數最少，因此書籍走私者大多選擇在夜間行動，特別是在冬季，因為適逢暴風雪期間，運送往往是最安全的時刻。然而，走私書籍的工作終究仍有極大的風險。一旦被警察發現，輕者將被處以罰款，重者則被驅逐和流放至西伯利亞，更有許多走私者在偷越邊境時不幸當場遭槍殺處決。直到一九〇四年日俄戰爭爆發，俄國政府為安撫國內的少數族群，才正式解除了對出版物的禁令。

不久後，伴隨著一九一七年「十月革命」推翻舊俄帝國建立了蘇維埃政權，立陶宛也旋即於翌年（1918）宣佈獨立。二戰期間，一九三九年史達林與希特勒簽署《德蘇互不侵犯條約》，開始在歐洲劃分各自的勢力範圍，立陶宛再度遭到蘇聯佔領，失去獨立國家的自由和主權地位。

在德蘇兩大獨裁者的雙重壓迫下，立陶宛人儘管再次面臨國族認同分裂的困境，且不時與波蘭爆發領土衝突，其首都維爾紐斯卻意外成為當時遭納粹迫害的歐洲猶太人逃亡到立陶宛避難的藏身之地。閱讀美國猶太神學院歷史學教授大衛·費什曼（David Fishman）在二〇一七年出版的報導文學著作《書籍走私者》，便是講述當年的立陶宛與猶太平民如何從納粹德國和蘇聯手中，透過各種藏匿、掩埋等方法而秘密搶救出無數珍貴書籍史料的故事。

及至一九九一年蘇聯解體之後，重獲自由的立陶宛率先宣佈獨立。為了感謝當年那些甘願冒著生命危險，協助夾帶書籍讓立陶宛語文化得以存續，因而遭到流放或殺害的眾多前輩們。立陶宛政府特地在考納斯（Kaunas，立陶宛第二大城）的維陶塔斯大帝戰爭博物館（Vytauto Didžiojo karo muziejus）前廣場建造了一座命名為「書籍走私者」（Knygnešys）的雕像紀念碑，用來表彰如民族英雄般的尊崇之意。

碑上的雕像是以俄羅斯帝國時期立陶宛最著名的「書籍走私者」尤爾吉斯（Jurgis Bielinis）作為人物原型，並將其生日三月十六號這天定為「書籍走私者」紀念日。此外，二〇一一年由立陶宛新生代導演喬納斯．特魯卡納斯（Jonas Trukanas）執導上映的一部歷史劇短片《書籍走私者》（Knygnešys），影片內容主要透過演劇形式重現昔日的盜火者身影，並向不吝犧牲奉獻偷渡禁書的尤爾吉斯與其同代人致敬。

立陶宛的當代藝術與書籍出版行業之間，每每具有某種相互激盪、融混交錯的深切連繫。許多在地的插畫藝術家不斷創作美麗的繪本與各式媒材畫作，對外轉譯輸出到世界各地。位在首都維爾紐斯的新舊城區交界地帶，由國際知名的波蘭裔美國建築師丹尼爾．李伯斯金（Daniel

Libeskind，「柏林猶太博物館」即是其代表作）操刀設計的「MO現代藝術博物館」（MO Modern Art Museum）也才剛在二〇一八年悄然開幕，標誌著立陶宛收藏研究當代藝術的里程碑。

另以舊城區的維爾尼亞河（Vilnia River）為界，一群嚮往「波希米亞式生活」（Bohemian Life）的藝術家在一九九八年愚人節這天發表了獨立宣言，在這河畔環繞的小社區內成立了「對岸共和國」（Republic of Užupis），作為一處遺世獨立的烏托邦國度，專門提供給藝術家進駐創作。

「對岸共和國」以天使為守護神，全區僅零點六平方公里，大街上隨處可見一幅幅奇異奔放的街頭塗鴉與彩繪壁畫，除了藝廊也有咖啡廳及紀念品店。夜晚則有音樂、芭蕾和戲劇演出，沿岸亦能看到美人魚和廢棄鋼琴組成的裝置藝術。在這個由詩人、藝術家、影劇工作者聚集的嬉皮社區裡，甚至還擁有自己制定的「對岸共和國憲法」（共41條，其內容頗有六〇年代黃華成撰寫八十一條「大台北畫派宣言」達達主義式的黑色幽默），以及國歌、國旗、貨幣、國慶日等，充分展現立陶宛的自由精神。

有了自由開放的大環境氛圍，承接過去歷史遺產的混雜文化，位於波羅的海東岸的立陶宛，很快也就成為包容多元前衛藝術與獨立思潮的匯聚之地。

時值一九九七年，任教於「維爾紐斯藝術學院」（Vilnius Academy of Arts）開設木刻版畫與平面設計等課程的瓦西里烏納斯（Kestutis Vasiliunas，

1964-）教授，首度以「藝術家書籍」（Artists' books）為主題，邀集來自十三個國家的六十五名藝術家，創辦第一屆「維爾紐斯國際藝術家書籍三年展」（International Artist's Book Triennial Vilnius），隨後並成立「藝術家書籍創作者」（Artist's Book Creators）社群網站，作為世界各國共同分享「藝術家書籍」相關展覽資訊的交流平台。

此處所謂「藝術家書籍」，泛指以「書」為載體的藝術門類，透過藝術家本身自由的想法、跳脫傳統圖文編輯的框架，並藉由各類媒材與裝訂形式來呈現。包含不同紙張、皮革、金屬、布料的運用，抑或搭配文字、圖案、色彩的奇異組合，乃至翻閱的手感、聲音及氣味，藉此拓展「書」與「閱讀」概念的想像邊界。

愛書人的流動盛宴

顧名思義，「維爾紐斯國際藝術家書籍三年展」每隔三年舉辦一屆，每屆也都會提供一個主題概念來讓參展的藝術家們各自發揮。

比如一九九七年首屆主題為「日記：八天」（此與聖經記載「上帝花了七天創造世界」的基督教義有關），二〇〇〇年第二屆為「啟示錄」，二〇〇三年第三屆為「23宗罪」，二〇〇六年第四屆為「兔子與房子」（Rabbit and House），二〇〇九年第五屆為「文字」（Text），二〇一二年第六屆為「愛」，二〇一五年第七屆為「錯誤」，二〇一八年第八屆為「記住死亡」（Memento Mori，意指基督教信仰思索死亡的意義和死後的靈魂救贖），至二〇二一年歷時二十四年來到第九屆主題為「缺席」（Absence）。

有趣的是，這些不同意象的主題概念，幾乎都與絕大部分立陶宛人信奉耶穌基督的天主教文化有著密切關聯。其中特別是在二〇〇九年第五屆，更邀請了至今唯一來自台灣的藝術家楊偉林（YANG, WeiLin）提供作品到維爾紐斯的 Arka Gallery 參展。

就我印象所及，最初因對「藝術家書籍」（Artists' books）感興趣而開始接觸楊偉林的作品，乃是在二〇一一年台北「樹火紀念紙博物館」舉辦的「BOOKing。裝幀，書的進行式」展覽上。記得當時令人感到記憶猶新的，無疑是由紙與線這兩種日常材質所構成、名為《意識．流》（Stream of consciousness）的一座書籍裝置藝術。

位居展場主視覺的畫面中，一條條平行排列如藤蔓伸展的梭織紗線，串連著桌面擺放的折疊裝幀冊葉，一路綿延到天花板，像極一道道自空中垂掛而下、上面爬滿密密麻麻的象形文字。

這番景象，又不禁令人聯想漆原友紀的動畫電影《蟲師》描述被筆墨封印在書籍卷軸裡的「禁種之蟲」，負責管理的狩房一族因此收藏著歷代留存的大量珍貴書卷文獻。一旦解封，書裡的文字旋即便會爆亂失控、紛紛向著書外逃脫奔竄。這時，唯有依賴管理者使用施有魔法的銀針，將這些四處逃竄的文字，像是捕捉蟲子那樣將其一隻隻重新夾到記憶的卷軸當中，然後逐一變回原形，掉落在紙上化作清秀娟麗的字跡。

二○一一年台北「樹火紀念紙博物館」展出楊偉林的書籍裝置藝術《意識．流》(Stream of consciousness)。(作者自攝)

自云從小喜歡看書的織品藝術家楊偉林，多年來一直埋首專注於「裝幀製書」、「抄紙」、「書寫」和「編織」等相關題材的藝術創作。大學時代原本念東海中文系，卻因對建築有興趣而經常跑去建築系旁聽。後來適逢偶然的機遇，成為了早期（90年代）參與規畫東海藝術街「理想國社區」的廣告文案。

之後，楊偉林轉而投入編織領域，她曾在草屯的手工藝研究所習藝，又到台南藝術學院（今台南藝術大學）應用藝術研究所進修，並以甲骨文抽象符號作為構圖主題的編織作品「太初有字」獲頒二〇〇四年的第四屆國家工藝獎。

根據媒體報導，楊偉林曾經提到她早逝的胞弟楊偉中（2018年在南太平洋庫克群島度假時不幸意外溺斃），兩人共同的興趣就是買書，並表示家庭生活、讀書和旅行是他們生命中很重要一部分。據悉，楊偉中生前愛書成癡，還在嘉義民雄住處附近購置了一幢三層樓中古透天厝作為個人藏書空間，取名「諸羅書屋」，外傳藏書達四、五萬冊，且一手包辦搬運、擦拭、修補、編目、上架等工作，儼然小型圖書館。

由於深知胞弟愛書，同時表達對其驟逝的不捨，楊偉林特地為他舉辦「另一種形式的追思會」：藉由一場場回顧生命的獨立書店之旅，楊偉林和兩三親朋好友相繼來到台中「東海書苑」、嘉義「洪雅書房」分享楊偉中的讀書日常點滴，並將胞弟的書房照片製作成紀念藏書票，贈予前來參與活動的現場聽眾。

以編織藝術重構時間的記憶

在這個當代社會產業即將邁入全面數位化的時代，傳統的書籍形式還可以帶給我們什麼啟發？對此，楊偉林表示：「要回到原點，才不會被五光十色的設計所迷惑」她強調，「創作要不斷回到自己的生活」。[1]

為了重回原初的狀態，她經常在生活周遭尋找他人眼中的棄物作為創作材料，包括舊物攤上的破舊紙張、建築師友人工地裡的銅線廢鐵等，同時她也喜歡親近大自然，四處旅行擷取各種植物的根部來染出不同顏色變化的絲線，或用樹皮纖維舂搗、浸泡、蒸煮過後而研製成紙漿，並且在勞動手作的過程中找尋靈感。

楊偉林在她個人網站的簡介裡，自詡為「像個人類學家般，漫遊、採集在纖維工藝與書寫的沃土上」。她認為書寫與編織有其相似性，同樣具有某種隨著時間累積延展的敘事性格，與其背後蘊藏著歷史風土交織的文化特質，甚至主張編織即是另一種形式的書寫，亦常以「編織者」（weaver）來隱喻自我的存在象徵。

擅長以絲線編織為媒介，綜觀楊偉林的藝術創作，始終圍繞著時間、書寫、記憶和遺忘等主題，令人隱約聯想到近日正在北美館舉辦「顫動的靈魂」作品大展的日本當代藝術家塩田千春。另因對環境和土地的情感，楊偉林不僅專注執著於手工造紙與植物染布的傳統技藝，並由此提倡回歸自然簡樸的生活態度，在精神上則又頗為近似上世紀九〇年代創辦《民間美術》的呂秀蘭。

在創作過程中，楊偉林經常偏好使用「雙重織」（意即在一個平面上同時呈現正反交疊的圖紋）技法，或是重複滲入不同植物染色，予以展現層層交疊的多重意象。就如同在人的記憶裡，往往混雜著真實和虛構並存。

舉凡《濁水經注》（Story of the Mud River）這部作品，她不僅結合多種植物如薯榔、藍染、墨水樹、小花紫薇等在麻布上染色而成，亦讓第一、二次型染的痕跡交雜在一起，因而呈現記憶的重疊。此外，她還從地圖上擷取濁水溪的水路線條，以及布農族傳統的圖像符號，使之成為畫面中的造型元素，主觀地闡釋藝術家自身對書的見解。

在另一部她使用好友手繪草圖紙縫製的《白髮書》（Hoary-headed Book），上面佈滿纏繞交織的白色棉線，彷彿從攤開的裝幀冊葉裡長出一團團蓬鬆凌亂的白髮。如此作為隱喻讀書人「皓首窮經」的宿命形象，抑或面對歲月滄桑容顏老去的徒然感嘆。今後，當我們懷着好奇又敏感的心，嘗試運用各種想像去「翻開」書頁、「閱讀」楊偉林的作品，或許就能逐漸體會在她的「書」中所蘊藏的綿綿情思了。

——（本文原刊於 2021 年 7 月 21 日《聯合報》「鳴人堂」專欄。）

1 參考洪震宇、黃靖萱採訪，2011 年 4 月，〈原色織出心中之美—楊偉林〉，《天下雜誌》第 306 期。

第七章

藝匠之都史特拉斯堡

我腦海裡仍然保留著許多未曾見過也永不會看到的城市，它們的名字附帶一種形貌、或者想像的形貌的片斷或一瞥……聳立在海灣之上的城也還在那兒，它的廣場藏著一口井，可是我再也喚不出它的名字，也想不起自己怎樣會給它起一個意義全然錯誤的名字。

——卡爾維諾，《看不見的城市》

相信不少人都有過類似這樣的經歷，當你來到（或從照片上看到）一個遙遠陌生之地，卻總感覺一股似曾相識的熟悉感，潛意識裡彷彿自己曾經來過，實際上未曾去過。而越有想像力的人，對此感應往往也更加強烈。

彷彿走入中世紀歐洲童話裡的夢幻小鎮，位在法國東北部白葡萄酒產地亞爾薩斯省（Région Alsace），地處德法交界，隔著萊茵河與德國相望的史特拉斯堡（Strasbourg，德文 Straßburg，此處 Straße 意指「街道」，Burg 則是「城堡」，地如其名，即是「街道之城」），自古以來便因周邊河運四通八達的特殊地理環境，逐漸形成聚落城市，遂有「歐洲十字路口」之稱。

史特拉斯堡卻也因此成為鄰近列強不斷折衝樽俎的兵家必爭之地，統治權數度易主，乃至長期醞釀出兼具德式風土民情的粗曠醇厚，以及法式精緻優美的混血文化。誠然，對痴迷紙本書籍之人來說最重要的是，此城亦是歐洲文藝復興時期最早的活字印刷發源地。

一四三四年，一名三十七歲的日耳曼人約

翰尼斯·古騰堡（Johannes Gutenberg，1397-1468）從故鄉美因茲（Mainz）來到史特拉斯堡經商定居。他開設了一間公司，專門從事生產鏡子、打磨寶石等金匠技術工作。據說當他使用壓具把鏡子裝進鏡框的時候，突然湧現鑄刻金屬活字的靈感，並開始做實驗，不斷致力於活版印刷研究。後來（1444年）因開設印刷廠籌資不順，與人對簿公堂，乃憤而返回德國老家美因茲，同時也持續進行著印刷準備工作。

及至一四五五年二月二十三日這天，古騰堡採用西元四世紀聖經譯者聖傑羅姆（St. Jerome）的拉丁語譯本，並以哥德式黑體字（Gothic Black letter）排版、每頁編輯四十二行，完整印製出歐洲史上第一批活字印刷書籍《古騰堡聖經》（Gutenberg Bible）[1]，象徵了西方廣泛傳播知識文明的新時代來臨。

「鄧不利多」的裝幀魔法課

此城的地標、高聳壯麗的哥德式建築——

1 《古騰堡聖經》共印刷一百八十本，其中一百五十本印在紙上，三十本印在上等的牛皮紙上。目前僅有四十九本存世，其中二十一本被完整保存，其餘的則有部分書頁遺失。在這四十九本當中只有十二本是牛皮紙版本，而其中只有四本是完整的，有一本只剩下《新約全書》。

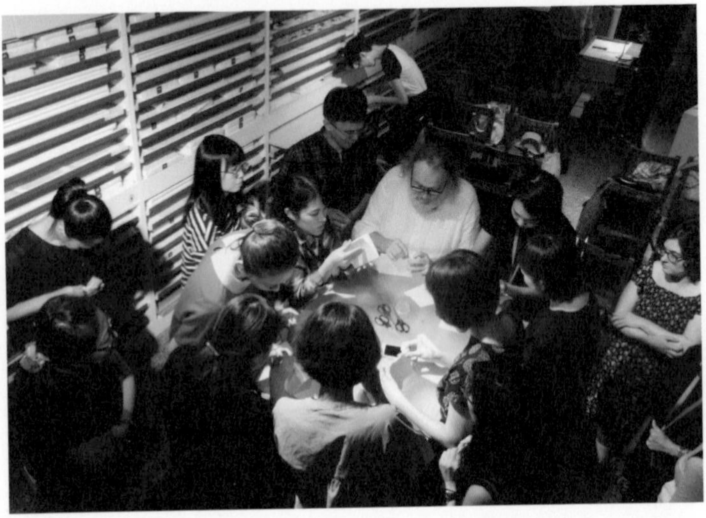

二〇一九年八月，法國史特拉斯堡（Strasbourg）古籍修復大師莫里斯・所羅門（Maurice Salmon）來台舉辦古書裝幀講座暨工作坊。（作者自攝）

史特拉斯堡大教堂（Cathédrale Notre Dame de Strasbourg）——曾被當年在此城學習法律的德國大文豪歌德（Johann Wolfgang von Goethe）形容為「莊嚴高聳、廣袤的上帝之樹」（sublimely towering, wide-spreading tree of God）。鄰近古騰堡廣場（Place Gutenberg）中央矗立著的銅像（立於1840年），紀念的正是活字印刷術發明人古騰堡。數百年來，史特拉斯堡自始皆是傳承歐洲古籍裝幀工藝，以及促進當代出版蓬勃發展的藝匠之都。

緣分像是一座橋，二〇一九年八月底，位在台北長安東路「樹火紀念紙博物館」隔壁新創設的實驗策展空間「鳳嬌催化室」（FENKO）[2]，特別邀請了來自史特拉斯堡、擁有五十年製書與古籍修復經驗工藝大師——莫里斯・所羅門（Maurice Salmon）——使用鳳嬌自行研發的紙材製作仿古書籍，並分享這次使用亞洲紙材製作西方古書的裝訂經驗與技法，同時搭配以「魔法書」為主題的各式裝幀作品展。

講座開始進行之前，筆者有幸受邀，先與「樹火紀念紙博物館」執行長陳瑞惠（陳姊）、「鳳嬌催化室」諸位策展人員和古籍修復大師莫里斯父女一同餐敘閒談。之後，也全程參與了這場別開生面的古書裝幀講座暨工作坊。

近身觀察，老先生上起課來相當熱情、親切（據說本人也很喜歡台灣的美食與水果），感覺是那種會受到學生愛戴的老師（但與他同行的女兒則是相當害羞），再加上圓圓胖胖的身型，以及一臉茂密的銀白色大鬍子，簡直就像是從《哈利波特》電影裡霍格華茲魔法學院（Hogwarts School of Witchcraft and Wizardry）活生生走出來的鄧不利多（Albus Dumbledore）！

2 位於台北市長安東路二段74號一樓的「鳳嬌催化室」，乃以當年與「長春棉紙廠創辦人」陳樹火一同罹難的夫人—賴鳳嬌為命名，同屬財團法人樹火紀念紙文化基金會所管理，與原有的紙博物館彼此相依、但各自獨立。「鳳嬌催化室」主要定位為全新的文化品牌，包含各種紙媒藝術的跨界合作、策展，以及紙張的材質實驗等，並提供藝術紙、手工紙、修復紙的專業諮詢，還有「客製化的製紙服務」。

果不其然，在莫里斯老先生的詳盡解說下，親身示範何謂中古世紀「哥德式裝幀」（Gothic Bookbinding）的製作過程，包括怎樣釘眼穿線、連續綴訂成冊、裱紙黏貼，以及如何運用綳線和壓條在書脊（書背）呈現出美麗弧線，乃至構思書盒設計等。最後則是讓每位學員嘗試手工縫線，各自完成一本小書冊的簡易裝幀實作。

於是乎，我看到許多學員不自覺流露出一副心滿意足的喜悅神情，彷彿重回小學時代上美勞課時單純享受勞作的快樂。

關於所有使用過的這些紙張材料，根據莫里斯老先生親身說法，過去他從事圖書修復與裝幀相關工作，原本大多是使用日本進口紙作為素材，但他後來嘗試使用了「鳳嬌催化室」自行

二〇一九年八月十五日至二十八日，位於台北市長安東路的「鳳嬌催化室」舉辦法國古籍修復大師莫里斯．所羅門（Maurice Salmon）的手工裝幀展。（作者自攝）

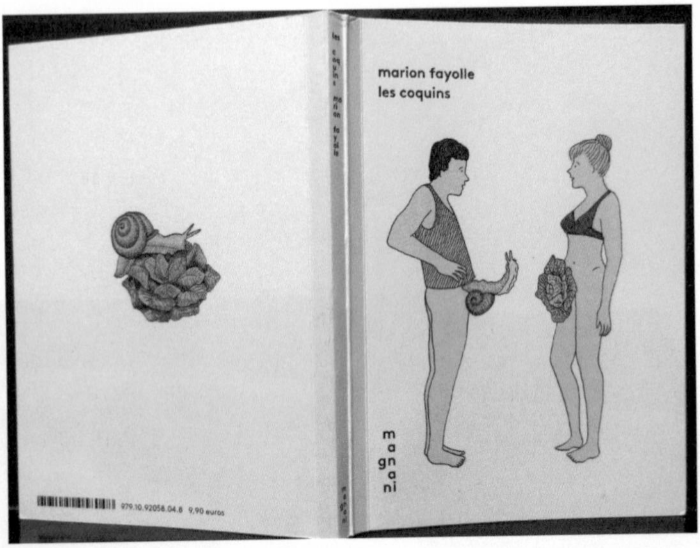

法國新一代女插畫家瑪麗昂·法洛爾（Marion Fayolle）於 2016 年出版的情色畫集《Les coquins》（調皮）。（作者收藏翻拍）

開發的藝術紙、手工紙、修復紙等多達五十款精選紙材之後，最終展現出來的美學質感和修復成果，卻令他頗為驚艷。

迷魅的荒花，詼諧的情色

古籍裝幀工藝之外，此城聞名於世的「史特拉斯堡裝飾藝術學院」（École Supérieure des arts décoratifs de Strasbourg），近年來更是在當代藝術、平面插畫、印刷版畫、視覺設計等各領域培育了不少人才。

譬如鍾愛以情色怪誕的紙上劇場來嘲諷現實世界的法國新一代女插畫家瑪麗昂·法洛爾（Marion Fayolle），還有專擅兒童繪本和立體書設計的愛莎・莫珞潔維琪（Elsa Mroziewicz），以及熱衷挑戰跨界時尚藝術創作的法國版印工作室雙人團體「ICINORI」等。觀諸他們出版印製的書籍繪本、海報、版畫等圖像作品，或多或少早已被某些內行的台灣讀者所知悉。

猶記得最早認識瑪麗昂・法洛爾的情色插畫，乃是在數年前走訪赤峰街一帶，緊鄰承德路的小巷內一家名叫「荒花」的書店。起先，我原是透過臉書看到一則關於「荒花」即將舉辦寺山修司主題演講的訊息，因而首度前去探訪。

該書店對外宣稱「十八禁」，一個禮拜只開四天，一踏入店內，便明顯感受一種略帶詭異的頹廢氣息迎面而來。「荒花」不只賣書，同時還提供鹹甜餐點和飲品，也設有簡易的吧台式座位，並且禁止拍照（店內舉辦某些特定主題展覽時除外）。據說因此有效阻擋了平日專門前來打卡的觀光客，確實讓整個空間變得清靜許多。

瀏覽「荒花」架上經常可見不少有關異色題材的視覺藝術出版品，舉凡血腥、變態、ＳＭ、調皮、搞笑、古典、超現實等類型幾乎應有盡有。這裡不僅有大量從日本引進的新舊書刊，包括「別冊太陽」的三島由紀夫、寺山修司專輯，筱山紀信、荒木經惟的攝影集，以及佐伯俊男的日文畫冊。

店裡也有若干台版舊書，就連已經絕版多年的作家辜振豐早期著作《東京讀書筆記：新宿街頭照相簿》竟也出現在此。另外還有來自香港與歐美各地的獨立出版物，比如上海香蕉魚書店的豆本珍藏盒，香港漫畫家智海的限量絹印畫冊，以及其他黑膠唱片、海報等。

就在這裡，我初識並買了第一本瑪麗昂．法洛爾的情色畫集 Les coquins（法文書名乃指「調皮」之意，或用再曖昧點的說法，就是「淘氣」）。

過去曾與《紐約時報》和法國時裝品牌 Cotélac 合作，瑪麗昂．法洛爾素來偏好以男女之間的性愛情事和日常生活為題材，深刻捕捉雙方交往時的「內心戲」，並且露骨地藉由插畫呈現出來。諸如男人下半身的蝸牛想吃女人的菜、女人的下半身被當成弓、掛滿乳房氣球的聖誕樹、漫天飛舞的陽具變成昆蟲……。

對瑪麗昂．法洛爾而言，情色其實只是一種表象，這些畫作每每充滿了超現實風格、黑色幽默及諷刺意味。她用自己的語言描繪了我們當下所看不見的，男女社交關係背後的社會隱喻和心理狀態。有時衝突對立，有時曖昧不清。

當代繪本跨界時尚的 ICINORI

二〇一九年九月，出身「史特拉斯堡裝飾藝術學院」（École Supérieure des arts décoratifs de Strasbourg）的法國版印工作室雙人團體「ICINORI」接受「童里繪本洋行」邀請，首度來台舉辦版畫、繪本及立體書等系列作品展覽與專題講座活動。

由於過去從這間學校畢業的諸位校友當中，

二〇一九年九月六日至二十九日，「童里繪本洋行」展出法國版印工作室雙人團體「ICINORI」系列作品並舉辦專題講座。（童里繪本洋行提供）

有很多都是插畫家、藝術家，因此當他們親臨展覽現場、看到書店裡擺放的那些書籍時，不禁驚嘆這簡直就像是來開同學會一樣親切！

誠如史特拉斯堡（Strasbourg），此城本身即在語言和文化上融合了法國和德國的混血特色。「ICINORI」一詞，亦由法文的「ICI」（這裡）和日文的「NORI」（海草）兩種異質文化的象徵語彙彼此結合，組成一個「其實沒有特別的意思」，卻彷彿不被當下已知事物所侷限，又能影射對未來一切不可知的嚮往，且令人印象深刻的新名詞。

顧名思義，ICINORI兩位成員——法國籍的拉斐爾（Rapheal Urwiller），西班牙和日本混血的真由美（Mayumi Otero）——就像是一對密不可分的創作搭檔及生活伴侶，他們因就讀史特拉斯堡裝飾藝術學院而結識。

二〇〇七年在校期間，同樣熟悉並嚮往亞洲文化的兩人一拍即合，遂決定攜手創設ICINORI工作室。當時他們認為，與其一味依賴校內教學環境與師資，不如透過手工自製書籍的媒介方式，直接嘗試與外界互動。由於雙方都喜歡收集古董火柴盒標籤，因此也逐漸對傳統印刷技術產生興趣，並開始四處旅行尋找題材。

聽聞拉斐爾在「童里」舉辦的講座當中回憶，有一次在住居附近散步的過程中，他們無意間經過一家老印刷廠，看到裡面有一台十九世紀末、二十世紀初期的海德堡古董凸版印刷機（Heidelberg Windmill Letterpress），自此便一見傾心，念念不忘。起初他們只把畫作稿件都交給這家印刷廠的老師傅印製，後來終於也忍不住買了一台放在自家地下室。當他們在樓上工作室創作、繪製完成初稿之後，便可隨時走下來現場實驗各種印刷效果。

揉合東方與西方的異國風情

成立迄今十多年來，ICINORI共出版了約三十本書籍。他們不僅從事獨立出版，也陸續曾在法國《世界報》（Le Monde）、法國《搖滾客週刊》（Les Inrockuptibles）、美國《紐約時報》（The New York Times）、《富比世》（Forbes）雜誌等知名媒體刊登過作品，甚至還跟法國時尚

二〇一九年九月六日至二十九日，「童里繪本洋行」展出法國版印工作室雙人團體「ICINORI」系列作品並舉辦專題講座。（童里繪本洋行提供）

品牌「路易．威登」（Louis Vuitton，簡稱 LV）合作發行旅遊繪本，並且參與「東倫敦漫畫藝術節」（East London Comics and Arts Festival，簡稱 ELCAF）和「塞納河搖滾音樂節」（Rock en Seine Festival）擔任駐場藝術家。

綜觀 ICINORI 的作品大多比較偏向小眾、前衛、實驗性質的創作，過去曾經有出版社希望他們考慮製作符合主流市場需求的繪本立體書（印量八千到一萬），但他們卻始終堅持保留少量印刷（一刷兩、三百本左右）、去無存菁的基本原則（比如畫一百張草圖只留下一兩張），以便維持高質感的一貫風格。「當你對待自己越有規則的時候，你可以發揮的自由度反而是更大的」，拉斐爾如是宣稱。

ICINORI 的繪本幾乎沒有任何文字，畫面中亦常見有許多的留白，相當具有某種東方禪意，作品配色大膽強烈。拉斐爾坦言十六世紀文藝復興時期北歐畫家杜勒（Albrecht Durer，1471-1528）、十八世紀西班牙畫家弗朗西斯科．戈雅（Francisco Goya，1746-1828）、當代英國畫家大衛．霍克尼（David Hockney，1937- ），以及日本江戶時代浮世繪大師歌川國芳（1798-1861）對他們影響甚大。

舉凡我在「童里」購得的 ICINORI 繪本 Et Puis（時序）書中，即可顯見多處飽滿而低彩度的「特別色」印刷，尤其使用了一種相當罕見的藍色油墨，並加以套色疊印做出平面的立體感。畫面裡各種豐富的圖像、符號元素皆充滿著象徵

二〇一八年 ICINORI 出版繪本《Et Puis》（時序）封面及內頁插畫。（童里繪本洋行提供）

和隱喻，讀者甚至還可以看到作者真由美也把自己畫入作品當中，騎著一隻烏龜穿梭其間。整體構圖畫風，看在歐洲人眼中似乎很東方，但在亞洲人看來卻又很西方。

除此之外，令我最感到驚奇的仍是 ICINORI 接受 LV 委託創作的旅遊繪本《Seoul》（《首爾》2019 年發行）。他們在二〇一四年到二〇一七年間多次前往韓國首爾進行田野調查，透過每天大量的步行漫遊，深入觀察當地民眾生活的諸多細節，只用雙腳、素描本和相機來認識並發掘這座城市。諸如橘色的傳統韓式建築與計程車，市集攤位上的生鮮魚貨、紫菜飯捲和魚漿黑輪串，顏色艷麗的傳統韓服，地鐵站裡的編繩藝術，夜間街頭的招牌霓虹燈，以及日常空氣中無所不在的韓式泡菜酸味等。

花費了近一年的時間，ICINORI 畫下旅程中的一切見聞，完全不用文字，僅以純粹的視覺圖像來詮釋一座城市。這段期間，兩人將所有手繪的草稿素材反覆琢磨推敲、斟酌重組，最後化繁為簡，精煉篩選出近一百八十幅插圖集結成冊。翻覽畫頁之間，交織著復古與摩登、帶有濃厚亞洲色彩異國情調的韓城風景，彷彿躍然紙上。

印刷本身就是一門藝術

論及 ICINORI 的印刷版畫最不同於流俗之處，即在於類似絲網印刷的獨特美感，加之特別

二〇一九年九月六日至二十九日，「童里繪本洋行」展出 ICINORI 旅遊繪本《Seoul》（首爾）與藝術微噴版畫。（作者自攝）

色油墨交疊的運用，給人一種既可精細也可粗糙的感覺。迥異於一般平版印刷的光澤鮮亮，而是一種近乎堅實、樸素感的大地色彩。

據說其靈感來源，乃出自他們早年熱愛收集的古老火柴盒封面，帶點老式的、傳統的、令人懷舊的味道，以及著色於紙張時，介於浸入紙內和浮於紙上之間的那種美妙。

根據以往工作經驗的累積，ICINORI 表示一件作品的完成，並不是畫好了圖稿、把檔案交出去就結束了，而是必須要跟印刷廠不斷地溝通，包括紙張、油墨、顏色的調整，同時也要參與整個編輯流程、通路行銷，乃至直接跟讀者見面進行交流。

按拉斐爾的說法，畫家與印刷廠的關係，就

好比作曲家寫完了樂譜之後，還需要音樂家演奏出來給觀眾聆聽。ICINORI認為，印刷本身其實就是一門藝術，也需要有天份並且用心去做，有時候遇到問題切記要不吝向印刷師傅討教，他們幾乎都會給出很好的建議，幫整個作品加分。

為了突破既有的用色風格，並將不同的文化融合在一起，ICINORI往往會透過旅行來拓展自己的視野，以發掘新的顏色、新的元素使用於作品中。他們也曾藉著來台辦展的空檔，短暫走訪花蓮太魯閣與台南等地，特別是台南當地為數眾多色彩鮮明的寺廟建築，令他們留下了深刻印象。旅行的重要性之於ICINORI，既是取材，也是享受。

在創作生活方面，兩人亦經常藉由模仿對方的畫作風格來了解彼此，有時還會各自扮演編輯的角色，相互批評討論、截長補短。他們不僅致力於畫藝的精進，同時更注重從創思、構圖、繪製原稿到印刷後製的每一個細部過程，並且樂在其中，從而賦予手工書新的意義。他們希望每一本書都是帶著這樣的心意認真做起。

無論版畫、繪本或是立體書，ICINORI的圖像作品既可以遠觀，也可以近看。凝視他們的畫作就像是觀賞平面的舞台劇一樣，當你越靠近，便會看到越多細節。

——（本文原刊於2020年3月31日《聯合報》「鳴人堂」專欄。）

第八章

夢二・摩登女郎・華爾滋——竹久夢二美術首展在台灣

二〇二一年十二月，台灣首度由本土藏家提供數百件珍貴作品的「漾：竹久夢二展」在「舊香居藝空間」正式開展。（作者自攝）

被譽為亞洲最具影響力的日本當代藝術家村上隆（1962-）曾經說過：「收藏是一種病，讓人欲罷不能、無可救藥！」

廣義來說，收藏本身不僅為我們打開知識大門，讓我們得到美的享受，更帶來許多迷人的樂趣。舉凡任何一種藏品，包括各類繪畫雕塑、書籍圖錄、郵票錢幣、工藝器物、老舊家具等，都是一段反映歷史的文化結晶，其間蘊含著獨特的文物魅力與藝術價值。

俗云：「獨樂樂，不如眾樂樂」。收藏的樂趣，不僅在於個人與藏品之間不期而遇的狂喜痴愛，抑或不辭勞苦尋覓、卻與之擦肩而過的酸甜苦辣各種滋味，更重要的是，能夠有懂得理解的同好一起分享。而其中最為公開隆重，且最能完整呈現自身收藏理念、進而擴大影響力的分享形式，莫過於透過一個正式的展覽空間，藉由策展規劃主題，讓那些得來不易的私人藏品齊聚於一堂、開放展示給社會大眾欣賞。

二〇二一年十二月初，向來以古籍美術領域見長的「舊香居藝空間」，這回又與收藏日本大正浪漫時期藝術家竹久夢二（1884-1934）各式畫作和絕版文獻書刊累積超過十年以上的書店熟客 Ayano 共襄盛舉，一同參與策畫了台灣首度由本土藏家提供數百件珍貴作品的「漾：竹久夢二展」（展期：2021.12.03-2021. 12.31，隨後延展至 2022. 01.09）。

竹久夢二一生風流倜儻、戀愛情史不斷，筆下專喜憂鬱迷濛大眼、體態婀娜之少女，不僅

舊香居發行「漾：竹久夢二展」限量珍藏海報。（舊香居提供）

在華人世界裡知名度甚高，全日本以他為名的美術館就有四座（分別位在東京、群馬、金澤、岡山），歷年與夢二相關的大小主題展覽、出版畫冊和周邊商品更是不計其數。

儘管在疫情期間，許多人無法出國去日本看展，所幸我們有了這檔「漾：竹久夢二展」，來到師大路巷弄的「藝空間」展場，感覺就像是進入了京都小鎮裡的古美術館，讓有興趣的民眾即使不用出國也能近距離欣賞到夢二原畫的藝術丰采。

彷彿從畫裡走出來的「夢二式美人」

作為在世時便得享盛名的藝術家，竹久夢

「舊香居藝空間」展出竹久夢二最富盛名的「夢二式美人」經典畫作「黑船屋」（上）與「宵待草」（下）。（作者自攝）

竹久夢二一生風流倜儻、戀愛情史不斷，在他生命中的這些美麗女子也都陸續影響了夢二的創作。（作者自攝）

二長年創作不輟，作品尤以脫胎自傳統浮世繪技藝的「美人畫」風靡了幾代人，並且創造出了一種身材婀娜纖細、有著惆悵的長臉、水靈的眼眸（周作人稱之為「大眼睛軟腰肢」），表情有些憂愁、哀怨，乃至楚楚可憐的少女形象。此即世人廣知的「夢二女郎」（或稱「夢二式美人」）。

早昔曾與之有過數面之緣的日本大文豪川端康成（1899-1972）更是給予高度盛讚：「不只是少女，他的畫也感染了青少年及年紀更大的男生的心，風靡一世，從這點來說，近年的畫家無人能及。」[1]在他生平未滿五十年的短暫歲月裡，彷彿以近乎爆發式的精力消耗著自己的才華與生命，宛如櫻花爛漫，轉瞬即逝。

由於夢二小時候曾在港口城市神戶上過中

學，以致後來的畫作也染上某種異國情調。據聞早年（1914）他在日本橋附近開設的「港屋」繪草紙店二樓住處，便藏有數不清的高價洋書、畫集和相關資料，一樓店面專門販售由夢二設計繪製的信封信紙、浴衣、扇子、木版畫、明信片、便籤、紅包袋等各式商品，吸引了許多熱愛藝術的文青仰慕者，和成群的美少女們魚貫出入。終其一生，夢二身邊一直圍繞著不同的年輕女子，有些後來成為了他的旅伴或情人。

就跟西方藝術史上許多大師們渴望繆斯女神的降臨一樣，這些一個接著又一個的美麗女子也都陸續影響了夢二的創作，而其中最重要的有三位，分別是：與夢二共同經營「港屋」繪草紙店的第一任妻子「岸他萬喜」（たまき），因病早逝的美術學校女學生「笠井彥乃」，以及職業模特兒出身、本名佐佐木兼代的「阿葉」（お葉）小姐。

譬如竹久夢二最著名的一幅畫作「黑船屋」（1919），其構圖乃借鑑於法國籍荷蘭畫家凱斯·凡東根（Kees van Dongen，1877-1968）的作品〈女性與貓〉（Woman with Cat/1908），畫面中懷抱一隻黑貓、神情若有所思地飄溢著淡淡哀

1　參考川端康成，1933年12月，〈末期の眼〉（中譯〈臨終之眼〉）。

愁的女主角，即是以笠井彥乃為人物原型繪製。

當年在芥川龍之介的弟子渡辺庫輔帶領下、曾去拜訪過夢二住處的小說家川端康成指稱：「夢二是在女人的身體上把自己的畫完全描繪出來。這可能是藝術的勝利，也可能是某種失敗。」湊巧的是，當時夢二本人剛好不在家，但他卻因此見到了夢二的情人「阿葉」。霎時間，川端康成驚覺「阿葉」的姿態簡直就跟夢二的畫中人物一模一樣：「她起身的動作、一舉手一投足，就像是從夢二畫裡跳出來，使我感到很不可思議，幾乎連話都說不出來了……」[2]

竹久夢二早年為《少女世界》、《若草》等雜誌書刊繪製封面與內頁插畫，並且橫跨書籍裝幀、平面設計等領域。（作者自攝）

大正摩登：圖像設計與流行時尚的弄潮兒

過去在傳統日本浮世繪當中，女性的眼睛常常被描繪成狹小細長狀。但在明治末年至大正初年間，隨著西方文化的影響，日本人的審美意識也發生了微妙的變化，逐漸偏愛「眼大為美」。

這段期間，特別是在日俄戰爭（1904）之後，日本國內經濟大幅成長，自海外引入的技術有效提升了印刷效率，連帶促使報紙、雜誌等傳播媒體紛紛崛起，且由於教育水準的提高，開始出現了一批渴望自由思想與知識需求的年輕中產階級，各種以都市為中心的大眾消費文化亦隨之蓬勃發展。

彼時深受西方文化薰陶的竹久夢二躬逢其盛，先是以學生身份向雜誌《中學世界》投稿（1905），接著又在文學家島村抱月主編的雜誌《少年文庫：壹之卷》專責書籍設計和插圖（1906），二十七歲那年（1909）出版了第一部個人詩畫集《夢二畫集．春之卷》，旋即受到廣大讀者的關注和喜愛。之後陸續擔綱繪製《少女世界》、《若草》、《中央文學》等各種雜誌封面與內頁插畫。

2　參考川端康成，1933年12月，〈末期の眼〉（中譯〈臨終之眼〉）。

一九三〇年九月十七日《台南新報》刊登竹久夢二代言的日本品牌「愛絲瑪」化妝水廣告。（作者翻拍）

細數夢二的作品，每每橫跨紙本水彩、布面油畫、絹本著色、版畫、詩歌、小說、雜誌插圖、書籍裝幀、平面設計等領域。有時他還會在厚磅數的紙張上用鉛筆粗略勾勒線條，再以水彩大面積上色，抑或直接使用鋼筆作畫，可謂產量豐厚、媒材多變，其大膽、前衛的風格，堪比當下也毫不遜色。對於當時一眾年華荳蔻的文藝少女們而言，使用「港屋」繪草紙店由夢二設計的信封、信箋、明信片來寫字，毋寧也象徵著一種青春雋永的時髦品味。

除此之外，當年紅透半邊天的竹久夢二，曾經也是日本早期化妝水品牌「ヘチマコロン」（Hechima Cologne，中文名稱譯作「愛絲瑪」）代言人。

該品牌由日本「天野源七商店」創立於明治十五年（1882），至今已逾百年歷史，其地位大概相當於台灣的「明星花露水」。

大致上，製作「愛絲瑪」化妝水的素材成分，主要來自日本東北第二大高山「鳥海山」絲瓜園裡天然有機栽培萃取之絲瓜精華，加上部分甘油、酒精、香料研製而成，具有清爽保濕、消炎鎮靜之效，除了塗抹於臉部，全身肌膚皆可使用。

竹久夢二不僅替「愛絲瑪」化妝水繪製了LOGO包裝圖樣與報紙廣告，甚至還以春、夏、秋、冬四季為主題，創作了一首〈愛絲瑪之歌〉（ヘチマコロンの唄）：

うつら春の日　夢心地（這春天夢幻般地）
ヘチマコロンの　にほやかさ（絲瓜化妝水的柔軟）
肌はほのぼの　小麦いろ（我的肌膚是溫暖的小麥色）
とてもイットが　なやましい（非常高貴的）
コロンコロン　ヘチマコロン（Cologne 絲瓜化妝水）

作為大正浪漫時代的流行指標，竹久夢二儼然就是當時日本的 Fashion Icon 潮流先驅。這也恰好呼應了「舊香居藝空間」構思展名「漾：竹久夢二展」的題旨所在。此處的「漾」，不僅意味著大自然水波飄蕩、神秘多變的景象，正如夢二的畫作風格不隨波逐流，卻保持流動多變、靈活如水，同時亦有英文諧音 Young 令人聯想青春的隱喻。

值此，「夢二式美人」的魅力，總是不因時代的洪流有所衰退，反隨時光推移而歷久彌新。就連日本大型服飾品牌 Uniqlo 也在 2015 年夏季推出一系列以「美人画の巨匠」竹久夢二作品為主題的特色浴衣，完整重現了夢二畫作「水竹居」、「花與蝶」、「原點」、「藪草」的復古花紋與設計元素，甫推出市場即大受好評，更由此掀起一陣清新脫俗的夢二風潮。

宛如音樂流動的圖畫語言

雖然夢二本人從未進入過學院藝術體制，但卻對西方的前衛藝術與文化思潮並不陌生。由於母親出身染坊的家庭背景，夢二幼時便有機會浸淫傳統的藍染工藝，養成了他對色彩和圖案的先天直覺。後又受到當年從歐洲傳入日本的「新藝術運動」（Art Nouveau）、拉斐爾前派及王爾德等世紀末「唯美主義」（Aestheticism）的薰陶，得以讓他跳脫傳統浮世繪的框架，發展出一種帶有強烈現代歐洲「洋畫」色彩，同時兼具傳統日本「和風」內斂筆觸，以及象徵自由、頹廢精神的流動線條與構圖。

導覽二〇二二年舊香居舉辦「漾：竹久夢

舊香居策劃「漾：竹久夢二展」特別展出竹久夢二繪製封面與插畫的女性雜誌《婦人畫報》（《婦人グラフ》）。(作者自攝)

二展」的展出重點之一，便包括了大正十三年（1924）到昭和二年（1928）由「國際情報社」出版發行、夢二繪製封面與插畫的女性雜誌《婦人畫報》（《婦人グラフ》）。

在視覺上，該刊物從封面設計到內文編排，皆以1920年至1933年在巴黎出版的法國精品時尚雜誌《Art-Gout-Beaute》為藍本，參考了許多當時在歐洲盛行的新藝術運動（Art Nouveau）與裝飾主義（Art Deco）圖像元素，諸如承襲了雜誌黃褐色的封面封底、黑格邊框和封面中置的方框圖像，以及使用多種套色印製版畫，抑或採用手工上色，待製作完成後再黏貼到封面上。整本出版品更是使用精緻的金絲穿線裝幀，做工繁複，因此售價不菲，讀者群亦是以能夠負擔高價消費的上流社會女性為主力。

翻讀《婦人畫報》雜誌內容，主要囊括服裝設計，髮型髮飾、風景照片、時尚插畫、攝影、食譜、化妝、美容、裁縫教學、居家收納等攸關摩登女性的多元題材，其中有幾期雜誌封面甚至明顯可見日本傳統髮髻因受西化影響而產生了簡便的「束髮」形式，以及上世紀二〇年代西方新一代女性「飛來波女郎」（Flapper girls）偏愛流行的鮑伯頭（Bob Cut Hair），看起來俊俏、俐落卻帶點甜美，整個感覺也頗有復古的文藝氣息。

夢二認為，插畫是詩歌的延伸，詩歌是「有聲的圖像」。換言之，圖像亦是「無聲的詩歌」，詩歌和插畫彼此互有一種相當微妙的共存關係。

一九一二年（明治末年、大正元年），竹久夢二在雜誌《少女》上發表新體詩《宵待草》，不久即被作曲家多忠亮譜成歌曲，傳唱至今。數年後，這首作品連同其他以夢二詩句為歌詞譜寫而成的二十多首歌曲，一併被收錄在音樂評論家妹尾幸陽於一九一六年創立的「妹尾音樂出版社」所發行一系列樂譜當中。

回顧這套以創辦人「妹尾（Senoo）」為名的樂譜書籍，前後共計超過一千冊。其中由夢二擔任封面設計，數量超過三百冊。內容涵括東西方的名歌名曲，有古典也有新作。樂種類型則以聲樂作品最多，其他還有小提琴曲、鋼琴曲等。當時由於價格只要二、三十錢，加上封面設計具收藏價值，因此十分暢銷。

此處「漾：竹久夢二展」的最大看點（同時也是最夢幻的打卡景點），即在於現場精選五十四張最耐人尋味的經典封面鋪滿一整片空間的「妹尾樂譜牆」。

迥異於以往畫作「夢二式美人」常見略帶哀愁的抒情風格，竹久夢二所繪製「妹尾樂譜」系列封面，更多帶來的是一種追求大膽創新與實驗精神的現代感。特別是在構圖設計上，不少作品雖仍保留了日本美術風格的裝飾性，卻更強調當代前衛極簡的大量留白，以及對比強烈的戲劇色彩。尤其畫中人物衣著樣式形貌之變化多端，簡直可以當作一部包羅萬象的服裝設計圖鑑來參考！

昭和八年（1933）十月底，夢二應「東方文

共同參與策劃「漾：竹久夢二展」的收藏家 Ayano（左）與策展人吳卡密（右）在一片絢爛繽紛的「妹尾樂譜牆」前合影留念。（作者自攝）

化協會台灣支部」的邀請來到台北警察會館舉辦畫展，展出先前繪製「海濱」、「旅人」、「春夢幻想」、「榛名山秋色」等共五十餘幅旅歐時期畫作，並在總督府醫專講堂進行演講。展覽結束後，彼時健康不佳的夢二隨即回到日本，於長野八岳高山療養院休養，可惜天不假年，隔年（1934）旋因病（肺結核）辭世。

巧合的是，自夢二遠行之後，又再過了八十四年（2017），曾經拍攝過電影《夢二》（1991）向這位畫家致敬的日本著名導演鈴木清順，同樣也是因罹患肺部疾病於東京去世。

傾聽《夢二》這部電影裡，由配樂大師梅林茂譜寫同名主題曲〈Yumeji's Theme〉亦是蔚為經典，作曲家採用了拉丁小品式、迷魅誘人般的華爾茲曲調，既象徵著男女激情與守舊相衝突的矛盾，且如夢似幻地呈現畫家內心的愛慾情愁，後來更被王家衛多次挪用於電影《花樣年華》當中。雖無言語，但卻已互見情愫。

——（本文原刊於2022年1月3日《中國時報》人間副刊。）

第九章

戀慕南方想像的華麗島——宮田彌太郎的裝幀藝術

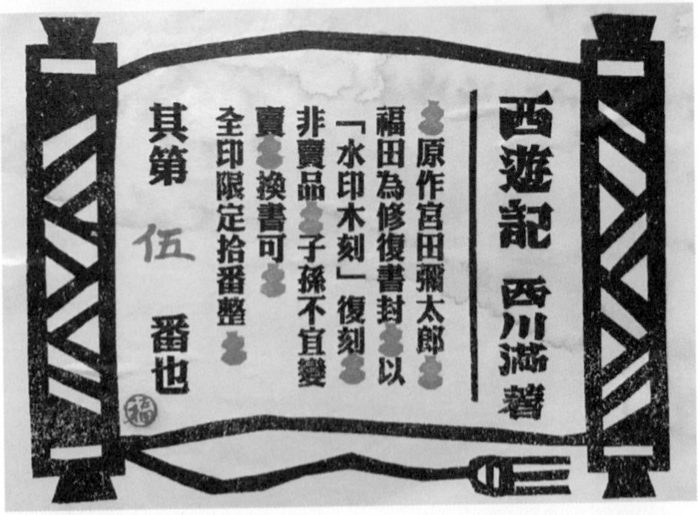

二〇一七年洪福田以「水印木刻」方式重新復刻宮田彌太郎繪製的《西遊記》封面。（作者收藏翻拍）

念想數年前（大概在2015年左右），出身台南的插畫家洪福田以自家工作室「蘭心巷書房」為名，採用傳統版印方式搭配黃竹紙印刷，獨立出版了第一本自製手工書《赤崁再記——我的西川滿》。

書裡透過樸拙可愛的漫畫筆法，藉由一名外地觀光客少年的視角，走訪台灣古城赤崁樓、大天后宮等在地名勝，旅途中甚至偶然遇見了從日治時期穿越而來，欲在台南「米街」（今稱「新美街」）金銀紙店尋找蒐集民俗版畫的詩人裝幀家西川滿，彼此牽繫起對台灣風土文化的眷戀及鄉愁。此書除了以西川滿小說《赤崁記》為線索，試圖引領讀者感受百年前台灣傳統版印之美，更帶有濃厚的致敬之意。

其後，大概又過了一年多（2017年），福田兄捎來訊息，得知他因緣際會從友人手中獲贈一冊昭和十七年（1942）西川滿改編自吳承恩原著的奇幻小說《西遊記》（上卷），並打算以「水印木刻」方式重新復刻此書由宮田彌太郎原作、繪製小說主角「齊天大聖孫悟空」的封面版畫。

有趣的是，一九〇八年出生於日本福島縣會津若松市、三歲時隨家人移居台灣，生肖屬猴的西川滿本人，綜觀其一生熱愛「造書」的興趣與成就，簡直就像他筆下改寫《西遊記》裡的孫悟空七十二變，身兼小說家、詩人、裝幀家、報社文藝欄編輯、日籍作家在台的文壇領袖（當時許多作家友人皆暱稱他為BOSS），以及台灣最早的藏書票推廣者等多重角色。

甚至，舉凡祭祀鬼神的金紙銀紙、祖母的遺物衣服布料、漢人社會的媽祖信仰，乃至鄭成功後代在台南赤崁的歷史傳說，西川滿幾乎都能一一信手拈來，並且善用那些過去不曾被知識分子重視的本土民間素材，搭配各種變化多端的限量版本設計，毫無違和地融入他親手製作的書籍裝幀樣式當中。

從戰前跨越到戰後，西川滿曾經兩度翻譯改寫《西遊記》。第一次是在昭和十七年（1942）以「劉氏密」為筆名在《國語新聞》上連載，同年隨即由「台灣藝術社」發行《西遊記》（上卷、元卷、大卷、燈卷、會卷）全系列共五本，封面畫作皆出自宮田彌太郎之手，上市後旋即洛陽紙貴、大受歡迎。第二次則是戰後一九四七到一九四八年間，由「八雲書店」發行一套三卷本（百花の卷、火雲の卷、草龍の卷）的《西遊記》，同樣也在日本掀起暢銷熱潮，毋寧更為當時剛被遣返回日本、經濟狀況仍屬拮据的西川滿，帶來了一筆足以安家的版稅收入。

竹馬之友．優雅樂天的紅顏美少年

回顧西川滿生平投入裝幀藝術的造書生涯當中，最主要的合作對象有兩人。一是自幼出生成長於台北城內東門街、原先從油畫逐漸轉習版畫的「灣生」畫家立石鐵臣（1905-1980）；另一則是在東京出生、隔年即隨父母來台，初期以美人繪膠彩畫作（當時台灣稱作「東洋畫」）聞名藝壇，西川滿暱稱為「竹馬之友」的版畫家宮田彌太郎（1906-1968）。

在創作風格上，宮田彌太郎的畫作裡似乎總是帶有一股明朗、清秀，宛如童話般的優雅氣息，即便是外在大環境的悲傷氛圍下，也仍能讓人明顯感受作者本身的樂天性格。迥異於立石鐵臣那種近乎樸拙、熾熱、濃郁的筆法，透過深入的田野調查與採集，所捕捉到台灣風土民俗的時代感。兩人皆以各自獨特的作品風貌，用來呼應西川滿的浪漫唯美傾向及「為藝術而藝術」的偏執，從而形塑出其裝幀書物的台灣想像。

大正九年（1920），十三歲的西川滿進入台灣總督府台北中學校（後易名台北州立台北第一中學，戰後改稱建國中學）就讀，認識了來自台北商工學校的宮田彌太郎，並於翌年（1921）受教於日籍畫家鹽月桃甫（1886-1954）。

西川滿形容當時的宮田：「小個子，瘦身，美少年，臉上不斷浮現笑容。我講是，他就應好，初見面時就肝膽相照。竹馬之友，於是誕生。」[1] 彼時意氣相投的兩人，同樣都熱愛文學藝術，於是西川滿便委託摯友宮田替他製作了第一款專用藏書票。由於他們每天上下學經常路過台北城內的「重熙門」（今「小南門」），因此宮田選擇當作圖像主題，刻繪了這張獨具

1 參考西川滿作、張良澤譯，1997年5月30日，〈宮田彌太郎遺事〉，《中央日報》副刊，18版。

宮田彌太郎繪製的「城門」藏書票與文藝雜誌《櫻草》封面。（舊香居提供）

風貌的「城門」（1922），書票上印有拉丁文「EXLIBRIS」（予以珍藏之意）和西川滿名字的羅馬拼音「Mitsuru Nishikawa」。

大正十三年（1924）五月，西川滿與清家治雄、宮田彌太郎等友人合作創辦同人性質的文藝雜誌《櫻草》。由於宮田本人不僅擅長繪畫，寫字也相當秀麗，因此整部雜誌幾乎都是由宮田手工完成，包括逐字將內文謄寫抄到鋼版上，並在內頁版面繪製插畫。《櫻草》創刊號油印八十部，僅寄售於台北榮町（今衡陽路一帶）的新高堂（戰後由東方出版社接收，今東方大樓現址）、文明堂、杉田書店等據點，因廣受女學生歡迎，雜誌很快便告售罄。該雜誌封面圖像以纖細、優雅、充滿活力的流暢曲線，勾勒出一名女性人物如波浪起伏的舞動姿態，其造型風格顯然受到當時歐洲興起的新藝術（Art Nouveau）浪潮所影響。

我是餅店師傅，
而他（西川滿）是詳細指定餅乾樣式的客人

根據胞弟宮田金彌在〈憶亡兄〉文中回憶，宮田彌太郎自幼便對書畫、詩、小說等文藝特別有興趣，中學以後便立志成為東洋畫家。昭和二年（1927），西川滿與宮田彌太郎各自從學校畢業，兩人相繼赴日進修。西川滿進入了憧憬的早稻田第二高等學院攻讀法國文學，宮田彌太郎亦前往東京川端畫學校，拜入著名的東洋畫家野田九浦（1879-1971）門下習畫。

昭和八年（1933），西川滿自早稻田法文科畢業，隨即返台定居於台北市大正町二條通（今中山北路一段33巷），翌年（1934）來到《台灣日日新報》上班，負責「學藝欄」編輯工作。而宮田彌太郎也進入了總督府文教局編修課，擔綱繪製教科書的插畫。

當時兩人陸續都找到正職，有了餘裕的收入，西川滿先是在昭和九年（1934）九月於自宅創立「媽祖書房」（台北市大正町1-14號），同年十月創刊發行全書以日式宣紙手工精印的文藝雜誌《媽祖》，此後每期封面和內頁皆有宮田彌太郎、立石鐵臣發表的版畫創作，其中第五期（1935年7月號）更是台灣美術史上首見以「紙

一九三五年宮田彌太郎繪製《媽祖》雜誌第五期封面版畫「花娘」。（舊香居提供）

上版畫展」為主題的策畫專輯。

一九三五年四月，西川滿發表生平第一本詩集《媽祖祭》，宮田彌太郎負責裝幀，採限量發行三百三十部，其中三百部為紙質封面的「春龍版」，三十部為麻布封面的「春福版」，兩者皆以台灣各大廟宇常見的「加冠」、「晉祿」門神作為裝幀圖像，扉頁上方浮貼著宮田彌太郎取自台灣民間常見用來辟邪制煞的「劍獅」造型藏書票。至於書籍內頁，則是使用西川滿在台北「松浦屋」倉庫初次發現一種極美的明治時代「土佐仙花紙」。後來他在台灣時期完成的所有限量版書籍都是用這種紙來印製。

提及《媽祖祭》的裝幀設計，宮田彌太郎曾有一番妙喻，他將自己形容為餅店師傅，而西

西川滿詩集《媽祖祭》「春福版」（左）與「春龍版」（右）。（舊香居提供）

宮田彌太郎繪製「劍獅」造型藏書票。（舊香居提供）

川滿則是詳細指定餅乾樣式的客人，他只不過是按照西川的品味及構想，盡力把這件事情做好罷了。

文學與美術是同根綻放的兩朵花

對於跟西川滿的合作，宮田彌太郎曾經在〈詩集媽祖祭茶話〉文中給予高度讚譽。他兀自感嘆在這個世界上執筆著述的文人雅士何其多，猶如天上的浮雲一般，可是真正會從頭到尾細心關住整個過程，直到作品付梓的人卻是少之又少。

就這一點來看，宮田認為西川滿讓人深切地感受到他「簡直就是愛書者的化身，愛書的程度已非筆墨所能形容。包括從頁面上的活字粗細、排列方式到標點符號的標注，鉅細靡遺，不會放過任何細節。且對於紙質的挑選和裝幀時的各個層面極為慎重，屢屢繃緊微妙的神經，從沒有過例外」[2]。

相對在西川滿的回憶中，宮田彌太郎更是有如「異體同心」的親密摯友，以及最忠誠的追隨者，西川滿甚至以「文學與美術是同根綻放的兩朵花」[3]來比喻畫家與作家在創作上的性靈互通。

自幼喜好文藝的宮田彌太郎，常喜好以文學題材作畫，且畫中人物多以女性為主角。譬如一九三五年入選台展的《女誡扇綺譚》，即是取材自日本作家佐藤春夫的同名小說。宮田彌太郎透過浪漫唯美的筆觸，描繪一名因家道中落而遭未婚夫遺棄的纖弱女子斜倚在海邊廢棄豪宅的陽台欄杆上，手持著一把「女誡扇」（意即上面題有漢代〈女誡〉文章的摺扇），眼神哀怨、若有所思地望向遠方朦朧的海岸，似乎盼著愛人歸來，整個畫面有如幻境般勾勒出小說中淒美、神秘的意境。

影響所及，身為文學作家的西川滿亦曾以《女誡扇綺譚》為典範，包括其豐郁濃烈的異國情調、荒廢傾頹的古蹟舊宅、破敗衰亡的家族傳說、神秘夢幻的南方想像，陸續寫出了《赤嵌記》、《楚楚公主》等小說作品。

而擅長東洋「美人繪」的宮田彌太郎，不僅在台府展上多次發表以原住民女子為主題的膠彩畫作，同時也繪製了不少女性相關題材如《媽祖》、《台灣藝術》等刊物裝幀版畫。觀諸宮田筆下的美女總是相當飄逸、修長、甜美、優雅，就連日常勞動也都像是在林間漫舞一般，彷彿遠古神話中的女神化身。

2 參考宮田彌太郎，1935年9月，〈詩集媽祖祭茶話〉，《愛書》第4輯，頁46。

3 參考西川滿，1986年，〈彌太郎登場 追憶のアルバム〉，《わたしの造った限定本 天の巻》，頁34-35。

1936 年宮田彌太郎擔綱封面版畫與內文插圖的童話繪本《貓寺》。（舊香居提供）

一九九七年西川滿編輯出版《華麗島慕情：宮田彌太郎版畫集》。（舊香居提供）

在松浦屋的鉛字架上

一九三六年十二月，西川滿為了慶賀長子西川潤的誕生，乃在台北媽祖書房自製出版了童話繪本《貓寺》，發行限量兩百二十部，並採用中國古籍線裝書「六眼形式」裝釘，宮田彌太郎擔綱封面版畫與內文插圖。根據西川滿在〈造書一輩子〉這篇文中記述，他起初是在松浦屋的鉛字架上，找到擊大鼓的貓和彈三弦的貓的圖案，才開始撰寫故事。頁碼則是在書頁下緣使用兩種貓的圖案數量多寡來表示數字，充滿童趣和巧思。

後來這隻貓被版畫鬼才谷中安規（1897-1946，據聞他在戰敗後回到東京，不久即因生活貧困而餓死）看中，把它剪下來用在自己的版畫作品裡。此外，西川滿還特別強調，該書「定價實售八十錢，但次月的古書目錄上竟標價八圓」[4]，顯見當時古書市場對於這類「限量版」書籍湧現一股炒作熱潮、物稀價昂。

此處提到的「松浦屋」，乃是日治時期位在台北榮町（今衡陽路）南側、從二二八公園（新

4 參考西川滿著、張良澤譯，2011年，〈造書一輩子〉，收錄於張良澤、高坂嘉玲編《圖錄：西川滿先生年譜以及手稿·藏書票·文物·書簡拾遺集·紀念文集》（原發表於1987年11月15日《日本古書通信》第52卷第11號），台南市：秀山閣私家藏版，頁5-8。

公園）酸梅湯往西第三間店面的一處印刷工廠，全名「松浦屋印刷部」（地址：台北市榮町一丁目27、28番地），當年西川滿擔當編輯製作的眾多雜誌、單行本、限量本，包括中學時代出刊的《櫻草》，以及當時台灣總督府、鐵道部、專賣局發行的各種政府出版品，都是在這家松浦屋印製完成。而在轉角靠近重慶南路的另一處店鋪，還有一家專門販售文具、書籍、測量儀器的松浦屋商店。

晚年西川滿追憶舊時榮町的印象中，彼時「松浦屋」的畫面彷彿歷歷在目：「炯眼、禿頭的工場老闆，如蟋蟀般瘦小的裝訂工李有才，圓頂、園滿，一直都穿著台灣衫的大工頭久野先生等，這裡是我離開台灣之前每天都會駐留一下的工場，無論是那房舍或那些人，都令人懷念」[5]。翻覽現今國家圖書館收藏許多日治時期的書刊雜誌，皆可在版權頁找到松浦印刷部的相關記載。

源自民間工藝美術運動的啟蒙

由於個人志趣所在，以及受到上世紀二〇年代柳宗悅倡議日本民藝運動、注重民間生活美學的影響（1927年柳宗悅的經典論著《民藝之道》開始在日本連載），西川滿一生的創作題材幾乎都和台灣民間社會的風土文化、宗教信仰、庶民生活密切相關，他與好友宮田彌太郎、立石鐵臣等人的足跡遍及島內各地，並且熱愛踏查尋找在地的神話傳説、鄉土文學與美術素材。

譬如一九三四年創刊的《媽祖》雜誌（到1938年3月停刊，共16期），其中創刊號的麒麟木刻版畫，以及第四期封面的龍柱圖案，皆是宮田彌太郎在艋舺的媽祖廟所採集刻印，扉頁上方更是大剌剌地貼著媽祖廟裡用來祭拜神明的金紙，類此宗教信仰所帶來的南方異國情調，每每讓日本讀者不禁為之傾倒。

當時就有報紙評論者將西川滿的《媽祖》、柳宗悅的《工藝》、恩地孝四郎的《書窗》合稱為日本雜誌界的「芳草三莖」[6]：《工藝》蘊含著日本古代之美，《書窗》則有新時代的、洋風的感覺，至於《媽祖》則融合了東洋與法蘭西的趣味。一個展現由實用而誕生的素樸之美，一個閃耀著精神性的清新光彩，而最後一個是以華麗島為名綻放絢爛色彩。

昭和十年（1935），西川滿、立石鐵臣、宮田彌太郎、古川義光、福井敬一、大瀨紗香慧、野村田鶴子、室谷早子等人籌組「創作版畫會」，致力在台蒐集逐漸消失的民俗版畫。

5 參考西川滿著、洪金珠譯，1994年5月24日，〈記憶中的衡陽路（榮町）〉，《中國時報》人間副刊。

6 參考原登美夫，1937年3月25日，〈雜誌界の芳草三莖〉，《台灣日日新報》第6版

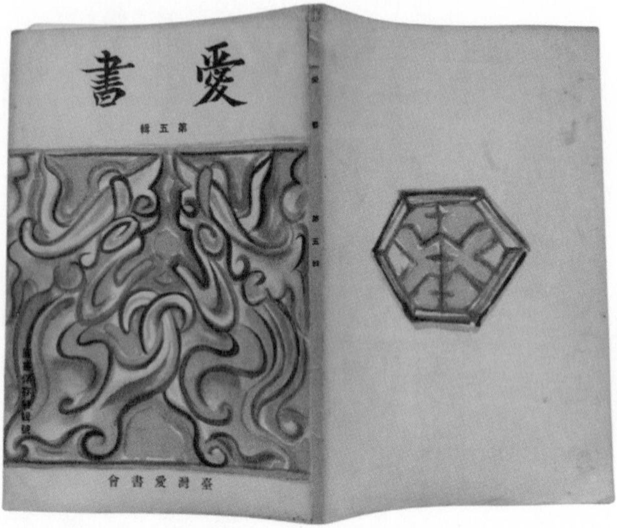

一九三六年宮田彌太郎繪製《愛書》雜誌第五期封面插圖。（舊香居提供）

昭和十一年（1936）一月，「台灣愛書會」發行、西川滿主編《愛書》雜誌第五期「圖書保存特輯號」問世，宮田彌太郎繪製封面插圖。畫面中宛如藤蔓流動捲曲的裝飾花紋，幾乎毫無違和地融入寺廟建築門窗的古典造型元素當中，搭配大膽強烈如野獸般的鮮豔用色，精準地呈現了摩登與復古兼具的非凡氣勢。

舉凡《櫻草》、《愛書》、《媽祖》、《文藝台灣》等雜誌刊物，乃至各類結合了傳統民藝與現代設計感的限定本書籍，宮田彌太郎一直都是西川滿實踐、探索文藝浪漫理想和裝幀美學的親密夥伴。

及至戰後兩人被遣返回日本，命運又使他們在東京阿佐谷的「引揚寮」（當時遣返者回到日本居住的臨時收容所）相遇。當時宮田彌太郎親眼目睹窮得沒錢出書的西川滿正在屋內摺疊紙張，便不顧自己的生活困頓，特別刻了三張版畫和一幅題字贈給對方。刀筆間描繪著那年冬天蕭瑟的雪景，以及返日後對前途頓覺茫然失措的心境寫照，兩人從此再也沒有見過面，這些版畫後來收入西川滿的詩集《柿の歌・栗の歌》，也成了宮田的最後遺作。

俗話說：酒為知己而醉，人為摯友等待。就在宮田彌太郎辭世的三十年後（1997年），高齡九十的西川滿為了緬懷當年這位幾乎追隨了他大半輩子的老搭檔，因而出版了《華麗島慕情：宮田彌太郎版畫集》一書，同時也藉此悼念他倆雖同為日人在台第二代，骨子裡卻早已把台灣這處南方異國的他鄉，當成了內心真正的故鄉。

——（本文原刊於2021年4月14日《聯合報》「鳴人堂」專欄。）

第十章

來自南國原始濃烈的呼喚——鹽月桃甫來台百周年

「我們人類將當下的情感與感激，無偽直率地表現出來，就是繪畫，就是詩。」

——鹽月桃甫，1943年11月，〈美術報國鼎談於台北〉，《台灣藝術》

今年（2021）適逢日治時期畫家鹽月桃甫（1886-1954）渡海來台一百周年。與此同時，六、七月份在日本東京以及位於九州南端的宮崎市（鹽月的出生地）等地，更有身為同鄉晚輩的中生代藝術家小松孝英，費時三年奔走於台日之間、沿著當年鹽月的足跡尋訪拍攝的紀錄片「塩月桃甫ドキュメンタリー映画」陸續舉辦試映會，吸引了不少關心台灣文化的日本民眾到場觀看。二〇二二年初夏，小松也預計參加「台灣國際紀錄片影展」（Taiwan International Documentary Festival，TIDF），期盼能將這位在台灣美術史上一度被遺忘的前輩美術家帶回台灣觀眾面前。

由於多年前的某個機緣巧合，小松孝英在宮崎縣內的一家古董店偶然看到了一幅鹽月桃甫的油畫，畫面中一名泰雅族孩童正在演奏口簧琴，觀其濃厚明亮的色彩表現、流暢奔放的樸實筆觸，令他感受到極大的衝擊，因而點燃了他對鹽月作品的探索熱情，從此一發不可收拾。

過去曾被立石鐵臣形容為「最孤獨的藝術家」，本名永野善吉的鹽月桃甫終其一生熱愛台灣在地風土文化。他自幼生長於日本九州宮崎縣

去年（2020）10 月在北師美術館舉辦「不朽的青春—台灣美術再發現」展出鹽月桃甫佚失多年的油畫名作《萌芽》（左）與《刺繡》（右）。（作者自攝）

兒湯郡三財村（今西都市）的貧寒農村，十五歲高等小學畢業即從代用教員做起，再入宮崎師範學校。二十三歲（1909）考進東京美術學校（今東京藝術大學）圖畫師範科，畢業後輾轉服務於日本四國地區高等學校。

三十五歲那年（1921）毅然辭去工作、攜家帶眷遷居來台，分別於台北高等學校（今台灣師範大學）及台北第一中學校（今建國中學）擔任美術教師，並嚮往高更（Paul Gauguin）遠離西方文明的束縛、追求大溪地原始自然野性美的精神信仰，幾度深入全台各地山林部落，留下了許多筆意粗獷、用色大膽強烈的原住民題材相關畫作。

直到二戰結束被遣返回日本之前，鹽月桃甫在台灣度過了人生最豐富美好的二十五個年頭（1921-1946）。儘管他生前創作的作品大多仍留在台灣，卻因島內潮濕的氣候而陷入保存危機，有的甚至不知道流落何方！

先前（2020年10月）在北師美術館策畫「不朽的青春—台灣美術再發現」展覽中，我們很幸運能夠親眼看到鹽月桃甫的《萌芽》（1927）、《刺繡》（1930）等傳聞中佚失已久、經過重新修復的油畫真跡。

及至二〇二一年五月，接著又在師大美術館舉辦「啟蒙」特展裡展出了一九二〇年代鹽月桃甫為台北高等學校發行的校內藝文刊物《翔風》、《台高》、《翠榕》，以及中村地平《民話集：河童の遠征》、中西伊之助《台灣見聞

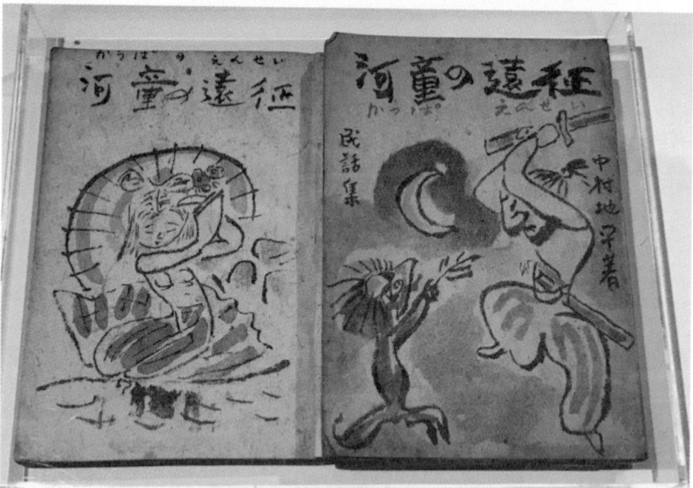

鹽月桃甫擔綱裝幀設計的中西伊之助《台灣見聞記》（左）與中村地平《民話集：河童の遠征》（右）。（作者自攝）

記》等各類著作繪製的眾多書刊封面設計與精彩插畫，宛如昔日風華再現。這些作品裡常見的簽名式S.T.，即是「Shiotsuki Toho（鹽月桃甫）」。

踏查台灣山海美景

早年曾為鹽月桃甫任教台北高校時期的學生、醫師畫家許武勇回憶：「高校尋常科時，我是繪畫部學生委員，所以時常去先生的寓所。記得初入寓所，所看到的都令人大吃一驚。因為從玄關到後門，滿滿陳列著原住民的衣服、衣飾、蕃刀、雕刻，以及台灣布袋戲偶。先生不斷稱讚原住民藝術的樸素、野性美。平常日本人老師宿舍的起居間，都設置一、兩件日本藝術品誇示著；但鹽月寓所裡卻完全沒有日本趣味的東西，好像進入一家台灣民俗博物館。」[1]

據悉，台北高等學校向來以自由主義思想出名，校內包括黃得時、辜振甫、張有忠、王育德、賴永祥、邱永漢、林宗毅等多位台籍學生，皆經常在《翔風》發表研究論文、小說、隨筆、短歌、俳句、漢詩、遊記等各類作品。著名博物學家鹿野忠雄亦於就讀台北高校期間，發表了多篇山地

1 參考許武勇，〈鹽月桃甫的人與藝術觀〉，2001年1月25日，在日本宮崎縣立美術館的演溝稿。

二〇二一年五月在師大美術館舉辦「啟蒙」特展中展出鹽月桃甫擔綱裝幀設計的《翔風》校刊。（作者自攝）

踏查的探險紀錄。

《翔風》自一九二六年三月創刊到一九四五年七月停刊，共發行二十六期，其中有十六期封面插圖出自鹽月桃甫之手。就在鹽月以畫筆勾勒《翔風》的校刊封面上，隨處可見其靈動鮮活的即興手法來描繪台灣原住民的風俗百態，令觀者彷彿感覺到了畫面中的生命流動。

作為日治時期官辦台灣美術展覽會的創立者之一，同時也是早期第一位將西方油畫技巧引入台灣的美術教師，鹽月桃甫在他來台第一年暑假（1922）、與日籍畫家鄉原古統（1887-1965）聯袂深入花蓮太魯閣旅行取材時曾如此讚嘆：「高山族在山地創造出優美的藝術的蕃服，在深綠的山野裡，著深紅的蕃服跳躍著的蕃人，實在太美麗，不是親眼看見，不能體會……蕃人古銅色的脊背汗流如注，頭髮隨風飛舞，他們使盡全力往前滑動（台車）的肌肉力感，實在是完美無比的男性裸體美……在太陽的輝射下，展現著原始的身姿。看見他們，誰能不遙想起古老的神話時代呢？」[2]

在高山密布的南國台灣，舉凡從日治到戰後時期的一眾畫家、藝術家當中，大概很少有像鹽月桃甫這樣（頻繁）熱愛走訪島內群山的「登山控」了。最初渡台的七、八年間，他不僅經常入山，更數次從蘇澳搭船到花蓮港、沿著東海岸連綿山脈進行踏查。

他屏息凝望太平洋蔚藍色的巨濤滌洗著高達數千尺的絕壁斷崖，極目遠眺「朝靄重重浮遊於空中猶如絲緞的帳幔般。飛魚像銀箭般穿水飛射，穿梭於巨濤微浪之間閃耀著珍珠色的光彩……天空的顏色時刻變換，淺黃、淡紅、橙色，忙碌地迎接朝陽，實在神秘而奇妙」[3]。

眼前所見這番景象，讓鹽月不禁想起惠心僧都（942-1017）所繪製的二十五菩薩來迎圖（聖眾來迎），紫雲橫披，接引（往生者）向西方彌陀淨土，渴仰禮讚極樂世界的大莊嚴境界。

鹽月桃甫認為，高山乃是原住民和祖靈共同居住的神聖之地。「在台灣的山嶽風光中，阿里山雲海是華麗的，紅檜巨木林群是古典的，新高山脈則是壯麗的」，鹽月追憶：「太平山的上方，有所謂的姆羅拉山高原，次於南湖大山約七、八千公尺。我曾經在姆羅拉山警戒所作客。即使是夏天，早晚還是得圍著火爐。面對廣漠無邊的草原，通覽大霸尖山夕陽的印象是無法忘懷的。令人勾起神秘夢幻的回憶」[4]。

描繪台灣原住民的古老神話

在鹽月的眼中，居住在高山的原住民擁有「人類自然純粹的天性」，令他深深為之傾倒，此亦如十八世紀法國啟蒙思想家盧梭（Jean-Jacques Rousseau，1712-1778）所言「高貴的野蠻人（Noble Savage）」：正由於他們尚未被現代文明「汙染」，因此代表著某種純真、美好的理想形象。

譬如鹽月桃甫的油畫《刺繡》即以濃烈炙熱的厚彩粗筆，刻畫出排灣族少女身穿藏紅色的傳統服飾、頭戴貝殼飾帶，同時映襯身後的綠樹

2 參考鹽月桃甫，1939年10月，〈內太魯閣行—東台灣旅的懷想〉，《台灣時報》，收錄於2001年顏娟英編《風景心境—近代美術文獻導讀》，台北：雄獅出版社，頁77-78。

3 參考鹽月桃甫，1938年1月，〈台灣的山水—聖眾來迎〉，《台灣時報》，收錄於2001年顏娟英編《風景心境—近代美術文獻導讀》，台北：雄獅出版社，頁73。

4 參考鹽月桃甫，1938年1月，〈台灣的山水—雲煙去來〉，《台灣時報》，收錄於2001年顏娟英編《風景心境—近代美術文獻導讀》，台北：雄獅出版社，頁75。

與金黃色的土地，彷彿欲令觀者感受她內心的渴望與期盼，皆蘊藏在這一針一線的交叉糾纏中。後來鹽月把這幅作品送給了另一位同樣深愛原住民文化的藝術家顏水龍，並由其家屬後代珍藏至今。

另在《虹霓》等諸畫作裡，不難看出鹽月對於泰雅族女子吹奏口簧琴的形象似乎特別情有獨鍾。根據民族音樂學者黑澤隆朝的調查研究，早期泰雅族青年男女往往能夠透過口簧琴，吹奏出特定的曲調來跟對方交談，並將自己內心的情感與想法直接傳達給對方。

此外，主張自由教育、尊重多元文化的鹽月亦曾於「霧社事件」（1930）發生後不久，旋即創作了一幅劫後餘生的賽德克族婦女，孤身牽繫著三名稚子昂然站立在烽火煙硝中的油畫《母與子》參加一九三二年「台展」，予以控訴日本殖民政府高壓統治的理蕃政策。

除了純藝術（Fine Art）方面的成就，鹽月桃甫同時也是畢生痴迷於手造美書「限定私版本の鬼」西川滿就讀台北第一中學校時期的美術老師，兩人彼此之間亦師亦友、情誼匪淺。直到西川滿自早稻田大學法文科畢業後進入《台灣日日新報》社主編文藝欄（1934），鹽月仍無條件支援版面插畫工作。

提及鹽月桃甫最富盛名的裝幀設計代表作，自當首推一九二三年由台北榮町「杉田重藏書局」發行、時任台北第一中學校同事佐山融吉與大西吉壽合著的《生蕃傳說集》了。

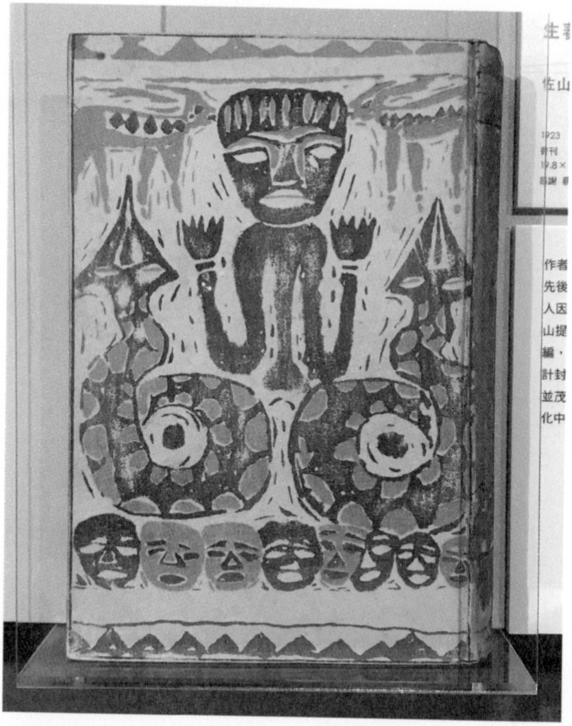

一九二三年鹽月桃甫擔綱裝幀設計的《生蕃傳說集》封面（上）與內頁插圖。（作者自攝）

翻覽《生蕃傳説集》內容主要以人類學田野採集方式，收錄台灣原住民各族神話傳説，並依序區分為創世神話、蕃社口碑、創始原由、天然傳説、勇力才藝、怪異奇蹟、情事情話、南洋類話等八類。

全書共七百八十二頁，採布面精裝，亦收有標題「太陽征伐」、「スラとナカヲ」（斯拉與那考）、「霧社の靈樹」、「蛇と太陽」、「馘首の由來」、「白鹿を追うた話」（追白鹿的故事）、「榕樹の根」、「テボラン夫婦」（帖波浪夫婦）、「女護の島」、「妹と兄の話」（妹與兄的故事）、「鹿の情婦」等合計十一張套色版印插畫，堪稱洋洋灑灑、圖文並茂。書中所有內頁插畫和裝幀設計，皆出自畫家鹽月桃甫之手。尤其是封面上的排灣族百步蛇圖騰版畫，現在看來依然相當經典。

當時策畫主導《民俗台灣》編務的民俗學者池田敏雄也對《生蕃傳説集》融入台灣風土精神的設計成果大為讚賞，並且推崇鹽月桃甫是台灣裝幀藝術的先行者。

探尋台灣風土的意象色彩

「我使用很強烈的顏色，那是我性格中的一部分。可是即使是畫蕃人，經過自己的創作，便不再只是那邊的蕃人而已。畫中沒有加入顏色是不行的。」[5]

—鹽月桃甫自述，1936年1月《台灣新民報》

鹽月桃甫在台旅居長達二十五年（1921-1946）。除了在學校教畫，他也致力於推廣民間美術教育，指導校外的畫塾與畫會活動。台籍畫家楊三郎曾經回憶，他早年即是受到鹽月桃甫在台北「小塚美術社」二樓附設「京町畫塾」進行教學時陳列的油畫作品所吸引，因而立志學畫。

顯然而論，鹽月筆下的畫作色彩濃烈、熱情洋溢，他的教學風格更是傾向於自由隨興的展現，不僅強調個人繪畫須有個性及創造力，且主張自由思考的重要性。

在課堂上，他公然反對學生穿學校制服，亦從未參加學校軍國主義遊行。他說各人穿各色服裝才美觀自然，自己也經常不依校方規定穿著官服，而只穿一身輕便服裝、頭戴土耳其毯帽就去上課，成為其他眾人眼中特立獨行的「怪咖」。甚至有學生私下封他為「西洋乞丐」，卻也同時對他敬愛有加。

有趣的是，鹽月桃甫的美術課程從頭到尾並不全然重視「如何畫」的技法問題，卻總是叮囑學生「不要用手畫，而是用頭腦畫」[6]，且要求每一個學生在畢業時，都要提出自己的美術論文。

5 參考王淑津譯，1936年1月〈作家訪問記—鹽月氏卷〉，《台灣新民報》。
6 參考許武勇，1976年1月，〈鹽月桃甫與自由主義思想〉，《藝術家》第8期，頁72-75。

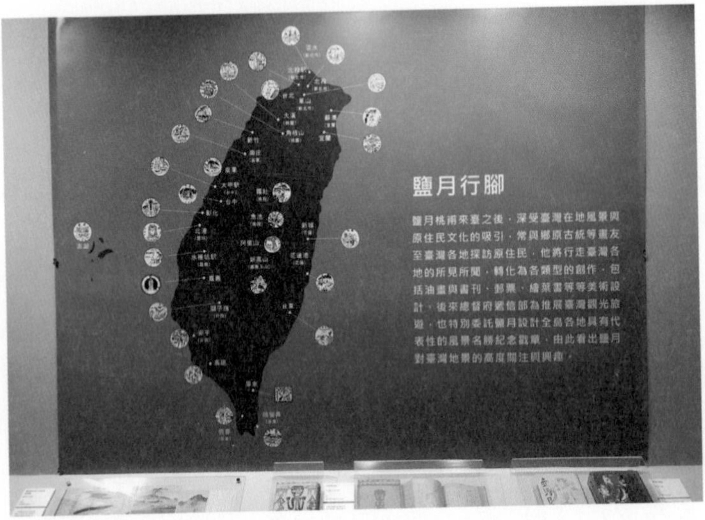

一九三一年鹽月桃甫以環島旅遊的方式，走訪全台各地重要觀光景點進行踏查研究，最後繪製完成並且評選出了三十三枚「台灣風景名勝紀念郵戳」圖案設計。（作者自攝）

鹽月並不期望他的學生將來都做畫家，但可以成為美術理解者。他希望學生們將來都能懂得利用美術課所習得的自由思考來結合自身所學，融會貫通。甚至應用在學術研究方面，發揮個人的才能。

「他是孤高有自信的人，與他的畫一樣，他的言行也旁若無人，因此常被誤解為太傲氣」[7]，鹽月的學生許武勇如是說道。

用畫筆紀錄地理人文風貌

一九三一年五月，鹽月桃甫接受台灣總督府交通局遞信部（即郵電局，日治時期掌管郵務、電信及電報之單位）的委託，負責繪製「台灣風景名勝紀念郵戳」圖案設計。

當時官方期盼達成的目標，即是做出能夠充分象徵台灣文化精神的視覺作品，因此明確表示「必須要委託給最愛台灣、能把台灣的真髓表現出來，並居住在台灣的一流畫家，將台灣介紹給世界，並能自豪地展現其藝術價值」，同時再三強調「不需要囿於過去的圖樣，而要以自由的心態描繪出新的味道」。

於是乎，鹽月桃甫便利用暑假期間，在交通局遞信部監理課員山口武一的陪同下，先是從台北出發，沿著台灣東部開始進行環島踏查。經過了為期一個月的環島旅行之後，鹽月桃甫參考前年（1927）《台灣日日新報》舉辦民眾票選「台灣八景十二勝」為基礎，同時廣納南北各地重要觀光景點，藉以突顯台灣豐富的地理和人文風貌，於該年十二月上旬總共繪製完成了一百九十一幅圖案。

隨之，主辦單位透過邀集各界專業人士的內部評選會議，最後評選出了三十三枚風景郵戳，並分階段陸續推出。從北到南、由西至東包括：基隆、淡水、北投、台北、草山、新店、大溪、新竹、角板山、南庄、苗栗、台中、霧社、彰化、

7 參考許武勇，1976年1月，〈鹽月桃甫與自由主義思想〉，《藝術家》第8期，頁72-75。

魚池、北港、阿里山、嘉義、關子嶺、安平、台南、高雄、屏東、恆春、鵝鑾鼻、宜蘭、蘇澳、新城、花蓮港、太魯閣、新高山、台東、澎湖。

基本上，這些地點都是當時鐵道旅行路線可以直接抵達，或者經由換車、步行所及能夠參訪的地方。

鹽月桃甫透過細微深入的實地觀察、簡鍊流暢的線條筆觸、直觀趣味的圖像語言，在有限的方寸尺幅之間，卻仍可以勾勒出豐富的空間層次，相當生動地詮釋了各地重要的自然景觀、歷史遺跡、地方物產、建築地景、宗教人文等多種風貌，不禁令人感受到一股新時代大眾觀光潮流的摩登氣息。

台灣的獨特色調

綜觀鹽月作品的筆勢接近盧奧（Georges Rouault，1871-1958），雄渾奔放的色彩則有如馬蒂斯（Henri Matisse，1869-1954）。他的畫作通常並不描寫外觀，而是表現內心的感受，因此總是將物象的形態誇張地伸縮彎曲，且強調作畫者的熱烈詩情，並佐以大膽強烈的紅、青、白、黑等渾厚筆觸的原色調，創造出半抽象的獨特風格。

早在一九四〇年代「抽象表現主義」藝術風潮在美國盛行的十幾年前，鹽月桃甫便已開始透過油畫與書刊封面設計，來發展出他個人特有的抒情抽象畫風。譬如一九三〇年台灣總督府台北

一九三〇年鹽月桃甫繪製台北高等學校舉辦第三回紀念祭發行繪葉書。（舊香居提供）

高等學校舉辦第三回紀念祭並發行繪葉書，其中的封面圖案即是延請著名畫家、同時也是美術講師的鹽月桃甫來擔綱繪製。

鹽月利用解構分割的幾何抽象形式，表現出以山川建築、星辰宇宙作為造形符號的自由感性聯想。彼此之間看似衝突混雜的色彩及線條，反倒構成了一種動態平衡的韻律感。彷彿一筆一畫都充滿著青春期燦爛的蓬勃朝氣，以及屬於那一代台灣知識青年為學求知的浪漫與想像。

在大多數描繪原住民題材的畫作當中，鹽月桃甫喜愛以紅色作為最鮮明的台灣意象色彩。「這不僅由於顏色本身的偏好，還得自他對台灣風土的詮釋」，撰述鹽月傳記的美術史研究者王淑津表示：「以紅色作為主調的台灣原住民服飾，一直是他圖繪中重要的元素，隨著不同的族群、場景與配色隨時現身。」[8]

當時，針對日本殖民政府提倡「地方色彩」的畫界潮流，鹽月桃甫曾經提出一個至關重要的疑問：「到底所謂台灣獨特的色調是真有固定的色調存在嗎？」[9]

對此，鹽月認為以台灣題材作為表現「地方色彩」的繪畫，所產生的意象是多樣的，並非只要描寫台灣的風物，便具備了台灣的色彩。但他又同時強調「畫不可以沒有顏色，儘可能借助顏色的力量深刻地表現的話，就很有意思了」[10]。

相較於近年來，當前台灣新一代平面設計師的作品風格，大多以崇尚或直接移植日式極簡設計為主流，若非經常喜用螢光綠與螢光粉紅等特別色當作視覺焦點，要不就是在設計上刻意強調大面積的留白。

然而，回顧過去的自然史、生物史和美術史，台灣這個熱帶島嶼本身其實就有許多令人驚艷的「特有種」顏色，如珠光鳳蝶黃、奧萬大楓葉紅、太魯閣大理石灰白、老建築木門窗湖水藍，以及台灣藍鵲和藍腹鷴這類珍稀鳥類羽色等。這些深具台灣風土特質的色彩文化，或許有可能將台灣平面藝術或裝幀設計的其他領域帶入更多元的發展方向。

迷惘困惑的我們，又將面臨時代轉捩的當下，重新回頭看一百年前鹽月桃甫對於畫家該如何展現台灣「地方色彩」、因而不斷嘗試各種實驗創作與思考論辯的過程，大抵亦能藉此開拓視野、提升自我格局，乃至更進一步深切反思，從歷史的傳承當中重新發掘與創新。

——（本文原刊於2021年6月25日《聯合報》「鳴人堂」專欄。）

8 參考王淑津，2009，《南國・虹霓・鹽月桃甫》，台北：雄獅圖書，頁68。

9 參考鹽月善吉，〈答覆對第五回台展鑑查的偏見〉，《台灣日日新報》1931年10月31日，收錄於2001年顏娟英編《風景心境—近代美術文獻導讀》，台北：雄獅出版社，頁211-212。

10 參考王淑津，2009，《南國・虹霓・鹽月桃甫》，台北：雄獅圖書，頁68。

第十一章

椿御殿的野玫瑰——日本聲樂家關屋敏子與李仙得

一九六九年日本勝利唱片公司復刻發行《永遠的首席女高音：關屋敏子名唱集》。（作者收藏翻拍）

野いばらに花が咲くたび（每當野玫瑰開花時）
赤い実がなる（紅色的果實累累）
あ～あ～あ～あ～（啊～啊～啊～啊～）
名しらぬ実なれど 名しらぬ鳥来て
（我不知道這種水果的名字，一隻沒有名字的鳥兒來了）
ちょいとついばみ（小小咬一口）
ちょんとはんで行く（我馬上就到）
あ～あ～あ～あ～（啊～啊～啊～啊～）
—1929年〈野玫瑰〉／關屋敏子作曲
／川路柳虹作詩

回溯上世紀二、三〇年代，日台兩地最富

盛名的女高音聲樂家關屋敏子（1904-1941），在她二十五歲那年（1929）發表了這首歌詞取自川路柳虹（1888-1959）短詩的創作歌曲〈野玫瑰〉（野いばら），同時也與日本「勝利唱片公司」（Victor Records）合作，延請義大利歌劇大師卡洛．薩巴紐（Carlo Sabajno，1874-1938）擔綱編曲，並指揮米蘭「史卡拉歌劇院管弦樂團」（Milan La Scala Orchestra）伴奏、關屋敏子本人獨唱，錄製成七十八轉的留聲機唱片。

當時在日本殖民統治下的台灣，但凡提到「關屋敏子」這個名字，不僅意味著她個人在歌藝方面的出眾表現和國際聲譽，亦因有許多女性開始接受日本新式教育的影響，從而展現出一種極具現代感、追求獨立自主的摩登「新女性」象徵。

台南鹽分地帶作家吳新榮（1907-1967）曾在日記裡多次記載其至當地著名戲院「宮古座」[1]看電影，以及初次聆聽關屋敏子音樂會的經驗[2]。另在台灣民俗學者王詩琅早期的短篇小

1 日治時期台南四大戲院之一，戰後改稱「延平戲院」，今已不存，現址為「政大書城」。早年日本知名音樂家或藝術家來台巡迴演出，比如女高音三浦環（1884-1946）與關屋敏子（1904-1941），在台南通常都會選擇「宮古座」作為表演場地，宮古座也因此成為台南人士接觸西方現代音樂與藝術的重要窗口。除了戲劇表演、電影放映、現代音樂舞蹈表演之外，「宮古座」也是當時日人官方與民間組織偏好的集會與活動場所。

2 參考 1939 年 8 月 18 日「台灣日記知識庫－吳新榮日記」。

一九八四年日本勝利唱片公司復刻發行《野玫瑰：關屋敏子名唱集》。（作者收藏翻拍）

〈青春〉中，女主角月雲原來是一位受日本學校教育成長的女性，故事講述她在求學期間，不斷磨練精進自己的鋼琴彈奏與歌唱技巧，更從此立下志向，將來也要成為像「關屋敏子」一樣的聲樂家。

李仙得在日本東京的家族生活

關屋敏子出生於東京都小石川區（現東京文京區）附近的「椿御殿」茶花宮（The Camellia Palace）。父親關屋祐之介的家族世代過去曾經長期擔任福島縣二本松藩御醫，而她的外祖父乃是當年（1867）來台調查「羅妹號（Rover）事件」、後來又在「牡丹社事件」擔任日軍侵台顧問的法裔美國人李仙得（Charles W. Le Gendre）。

一八六六年七月，美國政府任命在南北戰爭中負傷退役的陸軍准將李仙得為駐廈門領事，十二月抵華接任，初名「李真得」（清代文獻又譯作「李讓禮」），負責管轄廈門、淡水、基隆、台灣府、打狗等五個港口城市。隔年二月發生美國商船「羅發號」（Rover）於屏東瑯嶠（今恆春半島）外海觸礁沉沒，部份船員登陸獲救，卻遭到當地原住民殺害。為此，李仙得與福建的大清官員交涉，且多次親往台灣進行調查，並與琅璚十八社總頭目卓杞篤（Tok-e-tok）達成協議，訂下保護船難者的救助條約，史家稱之為「南岬之盟」。

李仙得在台期間，特別將其探勘見聞與測繪情報，包括海岸、地形、當地聚落等相關資訊做了詳實記錄，整理為四卷本的《台灣紀行》（Notes of Travel in Formosa）。由於掌握豐富的台灣地理情資，他自一八七二年起受聘為日本外務省顧問（1872-1875），協助明治政府策劃「牡丹社事件」[3]出兵事宜，活躍於東亞地區。

3 1874年日本以琉球國船員在海上遇風漂流至牡丹社（今屏東縣牡丹鄉）遭當地原住民殺害為由，出兵攻打台灣。日軍與大清政府一度劍拔弩張，最後透過外交折衝與協商，雙方締結「北京專約」，清廷賠償日方50萬兩，日軍撤出台灣。經此事件之後，清廷鑒於台灣地位之重要，一改消極治台之政策，開始積極經營台灣。

牡丹社之役（1874）後，據其外孫女關屋敏子表示：明治天皇賜改名「李善得」（另有記載為「李善德」）。

從一八七二年到一八九〇年間，李仙得一直都在日本東京購置的「椿御殿」茶花宮（The Camellia Palace）定居。這是一座總面積達兩千坪的大宅院，據說李仙得在此地種植了很多茶樹，且相當熱衷於製茶及讀書研究，甚至一度著手嘗試將日本詩歌《萬葉集》翻譯為法語。

居留日本期間，李仙得亦曾任大隈重信的私人顧問，並與江戶幕末的大名、明治初期的政治家松平春嶽的私生女——藝伎池田絲（1856-1913）結婚。據說這門婚姻乃是得到大隈重信及伊藤博文等人的同意：讓池田絲為了日本利益，而成為李仙得的妻子。當時李仙得四十三歲，池田絲年僅十六歲，兩人育有一子二女[4]。他們的次女愛子（1881-1967）後來和商人關屋祐之介結婚，生下了外孫女關屋敏子。

早熟的天才音樂少女

自幼從四歲起，關屋敏子即已透過學習古箏、舞蹈及歌唱，逐漸展現出她的音樂天賦。九歲那年（1912），當她還是東京女子高等師範學校附屬小學校三年級學生時，就被挑選出來在昭憲皇太后（明治天皇的皇后）陛下面前單獨獻唱〈春が來た〉（春天來了）和〈富士の山〉（富士之山）等歌曲，聆聽她清晰優美的歌聲讓現場觀眾留下了深刻印象，之後便拜入知名女高音三浦環（1884-1946）的門下研習歌藝。

一九一四年，十一歲的關屋敏子跟隨著三浦環學習了兩年後，在她生平第一次的獨唱會上初登場，全本背譜演唱了巴羅克晚期義大利作曲家安東尼奧・洛蒂（Antonio Lotti, 1667-1740）高難度的藝術歌曲《說吧，妳那美麗的嘴唇》（Pur dicesti, o bocca bella）。第二天早上，旋即被東京《宮古每日新聞》報導稱讚她為「天才音樂少女」。

後來，在三浦環的推薦下，關屋敏子開始向當時旅居日本的義大利籍男高音歌手薩科利（Adolfo Sarcoli，1867-1936）學習傳統義式美聲唱法（bel canto）。及至十七歲（1921年）進入東京音樂學校聲樂系就讀。然而該校的指導課程是以德國音樂理論為主流，先前早已習慣義式聲樂教學系統的關屋敏子因此被視為異端。不久後，她便毅然決定輟學，再次師從薩科利，同時也向日本當代作曲家小松耕輔（1884-1966）學習作曲。

4 李仙得與池田絲的第一個女兒出生時不幸夭折，長子錄太郎（1874-1945）四歲時即被交給第十四代歌舞伎市村羽左衛門（本名「坂東家橘」）收養，後來他繼承了家門，成為第十五代歌舞伎市村羽左衛門，在日本殖民時代曾經來過台灣巡迴演出。此外，錄太郎的女兒山田喜久榮（1909-1998），乃是昭和、平成時期開創日本傳統舞蹈新流派的「吾妻流」宗家，人稱初代「吾妻德穗」。而吾妻德穗的長子渡邊一（1929-2011）更是著名的日本歌舞伎演員五代目「中村富十郎」，於1994年被日本政府認定為重要無形文化財「歌舞伎界の人間国宝」。

由於關屋敏子自始認為：世界上的歌劇主流乃是在義大利。於是就在二十三歲那年（1927）決定前往義大利、來到波隆那大學（University of Bologna）持續深造。在義大利著名指揮家斯卡博尼（Scarponi）的指導下，關屋敏子很快便掌握了威爾第的《茶花女》（La traviata）、《弄臣》（Rigoletto），以及董尼才第的《拉美莫爾的露琪亞》（Lucia di Lammermoor）這三部歌劇作品的關鍵要訣。翌年（1928）更成為史上第一位獲得波隆那皇家愛樂學院（Accademia Filarmonica de Bologne）特別文憑的日本公民，並且順利通過試鏡，加入了米蘭「史卡拉歌劇院」（La Scala），在《茶花女》和《蝴蝶夫人》等重要歌劇節目裡擔任首席女主角。

此後，關屋敏子陸續受邀在日本、美國、德國、法國等地巡迴演出，逐漸確立了她作為「世界首席歌劇女演員」的國際地位。

從世界樂壇到本土民謠

一九二九年十二月，起初遠赴義大利深造拿到學位、屢獲國際樂壇讚譽的關屋敏子首度回到日本，隨即在東京都立日比谷公會堂舉辦了她歸國後的第一場獨唱會。一九三〇年二月，年僅二十三歲的她與日本最當紅的歌劇明星——男高音藤原義江（1898-1976）在東京歌舞伎座合作演出威爾第的經典歌劇《茶花女》，大獲好評。除了日語之外，當時的關屋敏子據稱已能流利地

（昭和六年一月）　音樂春秋　第十六號　（一）

音樂春秋 XVI

東京市日本橋區吳服橋
春秋社

日本の民謡と其の作曲

關屋敏子

民謡は民衆全體の詩であり又藝術であつて、其の作者如何に拘らず、民衆の手に唄はるゝ以上は、口に傳播される一方に郷土的色彩を帶び、民衆の文學を構成するもので、之を學術的の言葉を借りて申せば、各民族の思想感情を等ふする民衆の歌謡で、わざ〳〵作られたものでなく、自然の民の聲とも申しませうか、深く味はへば、味ふ程、痛切な情緒を有し、山野の際から起つた馬子唄や田植唄、麥搗唄、盆踊唄、船頭唄、等の如きは誰が唄ふとなしに知らず〳〵眞摯な民衆の歌謡となつたもので、これが民謡の本質で御座ゐます。

わたしや大島御神火そだち
むねに思火は絶えやせぬ
わたしや大島御神火そだち
浪もあらひが氣もあらひ

これ等は實に南國大島の乙女等が頭に桶をのせつゝ水汲みに往來する朝夕を千古の噴煙三原山を望み、はた波濤荒い伊豆の海岸を打見て自分の胸中自然と出來上つた情熱を歌にしたもので、彼の伊國民謡「ちよいと別嬪さん何處へ行く」の歌詞などと同じ樣なものです、殆んど郷土的世界共通と申さるゝ民衆の詩であり又言葉で御座います。

民謡は神代有史以前から民族と共に發生し童謡も亦察するに同一のもの、彼の子守唄の如きは童謡ともなり民謡ともなるやうに、歴史的に確實なのは後村上天皇の足利時代を經て傳統的に民衆の耳より耳に傳へられたものです古くは萬葉、催馬樂にさかのぼつても民謡そのものは其時代の民衆の言葉で内には催樂を唄つたものもあり、不平を唄つたのも有ます。けれども多くは地方郷土的無名詩人より歌はれたのがはじめてゞ御座います。

萬葉時代は三十一字の歌詞を用ひ永歌は新古今集以後段々難落して遂に徳川時代には二十六文字の俚謡調に變化したのです

が完全な樂器とてはなく、樂器としては筑紫琴（今日の箏）と尺八とが行はれその後三味線が發明されたので御座います。

三味線は永錄年間琉球から蛇皮二絃の樂器が渡來したので、宗州堺の法師中小路の手にて一絃を加へ三絃とし石村虎齊、澤住等の檢校等が作曲の工夫の結

關屋敏子孃

一九三一年一月《音樂春秋》（第16號）刊登關屋敏子撰述〈日本的民歌及其創作〉。（作者翻拍）

掌握四種外語：英語、義大利語、法語和西班牙語。

綜觀而論，關屋敏子不僅在歌藝或演技方面皆備受肯定，亦能替自己作曲、譜寫歌劇，並且通曉多國語言。甚至就像她的外祖父李仙得當年熱衷踏查台灣地方風土民情和田野文化的個人志趣，關屋敏子毋寧也對於日本各地傳統民歌、童謠、勞動歌曲的採集研究懷抱著極大的熱忱。

在一九三一年一月日本「春秋社」發行一份名叫《音樂春秋》（第16號）的刊物上，便曾登載了關屋敏子早期談論民歌的一篇文章，原文標題為〈日本の民謡と其の作曲〉（日本的民歌及其創作）。

文中一開頭，關屋敏子就宣稱民歌是「整個

關屋敏子不僅在歌藝或演技方面皆備受肯定，亦能替自己作曲、譜寫歌劇，並且由「妹尾音樂出版社」發行一系列樂譜，竹久夢二擔任封面設計。樂譜封面從左至右分別為《浜唄》（はまうた）、《薔薇終將散落》（薔薇は散り行く）、《薔薇之花》（薔薇の花）。（舊香居提供）

1930 年日本勝利唱片公司發行關屋敏子作曲兼獨唱《江戸子守唄／大島民謡》留聲機唱片。（古殿樂藏提供，作者翻拍）

民族的詩歌和藝術」（民衆全体の詩であり又芸術），並強調「我一直在研究和創作日本各地的民歌」，而她本人也曾於一九二五年十一月在慶應義塾大學禮堂演唱過好幾首由她自己採集、創作或改編的日本地方民謠，如〈浜歌〉、〈舟の船頭衆〉、〈大島民謠〉〈岐阜民謠〉〈大阪子守唄〉、〈江戸子守唄〉、〈紀州民謠〉、〈琉球民謠〉等。其中「江戸子守唄／大島民謠」，後來還在一九三〇年三月由日本勝利唱片公司灌錄（關屋敏子獨唱）製作成SP留聲機曲盤。

相遇台南本地歌唱家林氏好的師生緣分

根據《台灣日日新報》的報導，關屋敏子

曾於一九三五年二月接受「愛國婦人會」邀請來台，分別在台北、台中、台南、嘉義、高雄、基隆、花 港等地舉辦巡迴獨唱會。台南當地報紙《台南新報》為了歡迎關屋敏子的到來，甚至還特別在演唱會前夕（1935 年 2 月 13 日）刊載了大篇幅的半版廣告以茲宣傳。

之後，關屋敏子又接受「台灣映畫株式會社」邀請於一九三九年八月十五日再度抵台，陸續在台北公會堂（16 日、17 日）、台南宮古座（18 日）、台中座（19 日）、屏東劇場（20 日）、高雄館（21 日）、嘉義座（23 日）等地登台獻唱。

此外，關屋敏子在一九三五年來台演唱期間，更恰巧遇上了台南本地歌唱家林氏好[5]，兩人幾乎同一時間在台灣各地舉行巡迴演唱會。

1935 年 2 月 13 日《台南新報》以「世界的花腔女高音：名歌手關屋敏子獨唱會」為標題，刊登了大篇幅的半版廣告。（作者翻拍）

先前透過報紙的報導，關屋敏子早已對林氏好留下了深刻印象。後來由於關屋敏子應邀參加「愛國婦人會」在台北鐵道大飯店（位於台北市表町通，今台北車站對面，建物現已不存）主辦的歡迎茶會，素來景仰關屋已久的林氏好特別從台南出發到台北參加此次的茶會，於是促成了兩人會面的契機。

根據《台灣新民報》的報導，彼時在茶會席間上，與關屋敏子同行的父親關屋祐之介笑著對敏子揶揄說：「妳這次到台灣舉行演唱，沒想到在台灣還有個競爭者呀！」此話一出，同坐在席間的林氏好默默不語。隨後，林氏好向關屋敏子表示：「我從來沒有接受過正式的訓練，平日則是隨著關屋敏子老師的唱片認真學習。今天能夠拜見您一面，不但是我畢生的願望，也是我一生中的光榮。」6

---

5 林氏好（1907-1991），台南人。1923年和盧丙丁結婚，丈夫是積極從事抗日民族運動的台灣民眾黨領導人之一。1932年考入古倫美亞唱片公司擔任專屬歌手，此後相繼錄製了〈紅鶯之鳴〉〈一個紅蛋〉〈月夜愁〉〈咱台灣〉〈怪紳士〉等台語流行歌曲。並與鄭有忠樂團合作，陸續在台灣各大城市舉辦「林氏好獨唱會」巡迴演出。1935年他赴日隨著名花腔女高音關屋敏子學習聲樂，戰爭期間他帶子女遠赴滿州（丈夫盧丙丁在30年代以後突然失蹤）。戰後回台參與草創「藝霞歌舞團」，而後罹患舌癌，逐漸淡出舞台。

6 參考1935年5月14日《台灣新民報》〈林氏好さん 關屋孃の弟子に天才を認められ近く上京〉（林氏好女士作為關屋敏子的學生，被認可為天才而來到了東京）。轉引自張慧文，2002年，《日治時期女高音林氏好的音樂生活研究》，國立台灣大學音樂學研究所碩士論文。

聽了林氏好一席話之後，關屋敏子大受感動，兩人相互約定日後能有再見面的機會。沒想到，第二天林氏好旋即又再度前往鐵道大飯店拜會關屋敏子，還在關屋敏子的伴奏下，當場演唱了義大利作曲家托賽里（Enrico Toselli，1883-1926）的〈悲嘆小夜曲〉、羅西尼歌劇序曲〈塞爾維亞的理髮師〉，以及取材自南管古樂的台灣歌謠〈百家春〉。

關屋敏子大約花了兩小時的時間來指導林氏好正確的發音法，也由此更加確定了對方投入歌唱的熱情，並且鼓勵林氏好若想要進一步提昇自己的聲樂造詣，可以來到東京跟隨她繼續學習。於是就在同年六月中旬，林氏好毅然決定隻身前往日本，成為關屋敏子的入室弟子，不久便很快習得了關屋敏子親自傳授的招牌歌曲〈野いばら〉（野玫瑰）。

她的名字像櫻花一樣芬芳、永不消失

一九三七年，三十四歲的關屋敏子在母親的包辦下，和舊幕府將軍歷代家族擔任劍道教師的柳生藩第十三代藩主柳生豐洲的兒子柳生五郎結婚（柳生五郎入贅當養子）。就在這一年，日軍在北平附近藉口夜間演習的某名士兵失蹤而挑起了盧溝橋事變，導致中日戰爭全面爆發。

此時，正是日本軍國主義亟趨狂熱的年代。在軍方大倡「大東亞共榮圈」、「南進國策論」的主導下，日本政府一方面對外積極擴張，大肆掀起侵略戰爭。另一方面則是配合國內進入戰時體制——號召「國民精神總動員」而展開皇民化運動，起初不僅強化宣導灌輸「忠君（天皇）愛國（日本）」思想，並限制人民的言論自由，隨後更將好萊塢電影、爵士音樂、英美流行歌曲都認定是「敵國的文化商品」，亦為擾亂社會秩序和煽動民眾意識的亡國之音。當時有許多唱片行、喫茶店和咖啡廳陸續成為官方取締的黑名單，更不允許音樂團體演奏相關作品。

這段期間，關屋敏子就像走馬燈那樣四處奔波於海內外各地趕場演唱，除了一般公演行程，也頻頻參與皇軍慰問演出。時代的巨浪將她推至歌唱事業的高峰，同時也推到了人生盡頭。

一九四一年間，婚後的關屋敏子與柳生五郎之間的矛盾逐漸加深，丈夫希望她能專心操持家務，但關屋敏子根本不想放棄音樂。不久，雙方協議離婚。

之後，關屋敏子便一門心思地投入歌劇《巴御前》（ともえごぜん，傳說中日本源平時代的女將軍）的創作中，每天工作到半夜，包括身體或精神上的疲勞都達到了極限。到了一九四一年十一月二十三日這天晚上，她應邀請在東京大學工學部畢業生歡送會上演唱。關屋敏子原本準備了因應聽眾鼓掌要求繼續演唱的安可曲目，沒想到當晚唱完預定歌曲後，聽眾的掌聲卻是稀稀落落，也沒有要求她再唱安可曲，令她驟然感到心情失落。由於現場演出的反應不如預期，因此歸咎於可能是自己的嗓音變差，再加上連日苦思作曲的疲憊、離婚後的抑鬱，以及當時日本軍國主義對西方音樂文化的種種壓迫和禁制，致使其創作展演陷入困境，讓她對於自身未來的歌唱前途產生了相當強烈的焦慮感。

當晚（11月23日）深夜，關屋敏子服下安眠藥結束了她三十七年的短暫生命，並在自己的作品《野玫瑰》樂譜背面寫下了遺書。遺書內容寫道：「我關屋敏子，即使在三十八歲殞落了，這個名字就像櫻花一樣芬芳，永不消失。希望敏子的名譽能永遠保持下去，請守護大日本藝術的尊嚴，使其成為千百萬年來這世界人們心靈純潔的典範。」[7]

身後，關屋敏子被安葬在橫濱市鶴見區曹洞宗大本山的總持寺。她的老師三浦環含著悲傷的淚水，將這首短詩獻給了她：「關屋敏子，為詩歌而生，為詩歌而死，她的名字將流傳千古」（歌に生き歌に死つる関屋敏子，名は伝はらん幾千代までも）。

值得一提的是，關屋敏子的外祖父李仙得儘管在一八九〇年已經離開了日本，前往朝鮮擔任高宗國王的顧問，直到一八九九年在漢城（今首爾）中風去世，死後葬於漢江旁的「楊花津外國人傳教士墓園」。然而，在現今關屋敏子的墓碑正對面，仍留有一座李仙得的家族墓碑，名曰「李家一族碑」，上面寫著李仙得在日本一家三代所有家族成員的名字，包括關屋敏子的妹妹野口喜美子也埋葬於此，但是她的名字卻並沒有刻在石碑上。

另在關屋敏子的墓碑旁邊，還有一座題稱「歌聖關屋敏子」的紀念碑。碑文內容描述了關屋敏子當年（1931）作為第一個在美國好萊塢露天劇場（Hollywood Bowl）獨唱的日本人，獲得了義大利佛羅倫斯市頒發的達文西藝術獎章，並在當時美國排日氣氛極其強烈的氛圍下，來到洛杉磯神殿大會堂（Shrine Auditorium in Los Angeles）舉行的個人獨唱會現場，帶領台下觀眾齊聲高唱了日本國歌〈君が代〉，達成了一次成功的國民音樂外交，因此受到日本右翼思想家暨文學家德富蘇峰（1863-1957）的高度盛讚「其音玲瓏、其人如玉」。

由於這塊石碑是在一九四二年二戰高峰期間豎立的，免不了帶有濃厚的民族主義政治宣傳意味。其中所隱含各種錯綜複雜的國際政治社會脈絡，以及企圖建構當代歷史話語權力的痕跡，或許只有從關屋敏子遺留下來的歌樂作品，與其身處於大時代動盪的人生歷程當中去細細體會了。

——（本文原刊於2021年9月28日《聯合報》「鳴人堂」專欄。）

7 參考關屋敏子遺書原文：「関屋敏子は、三十八歳で今散りましても、桜の花のようにかぐわしい名は永久消える事のない今日只今だと悟りました。そして敏子の名誉を永久に保管していただき、百万年も万々年も世とともに人の心の清さを知らしむる御手本になりますよう、大日本芸術の品格を守らして下さいませ。」

第十二章

純淨熾熱的黑色太陽—孤高的詩人畫家秦松

根據張默在一九八六年十二月《文訊》第27期刊載〈現代詩壇的鉤沉錄（下）〉文中記述：詩人古貝，本名林正雄，台灣彰化人，一九三八年生，畢業於逢甲大學。早期他也是一位極具使命感的現代藝術的熱愛者。古貝的詩曾入選《七十年代詩選》，並著有詩集「火祭場」一冊，一九六三年四月由藍星詩社出版。（舊香居提供原件，作者翻拍）

「藝高人膽大，藝未高時，也不可不大膽。傳統畫家也說：可貴者，膽也。連喝酒也要酒膽，何況畫畫寫詩作文章。」[1]

——1991年〈秦松畫思錄〉

依稀記得最早是從一本叫做《火祭場》的六〇年代詩集封面而開始認識秦松的畫作。畫面上，秦松大膽使用強烈鮮明的紅黃原色對比，並以幾近狂野奔放的抽象線條表現出火焰般升騰、竄動的姿態，震撼觀者的心靈，搭配淺灰背景和書名字體，令整幅作品彷彿一場激昂澎湃的音樂舞蹈躍然紙上。如此用色鮮豔大膽，筆觸自由不拘的流動感，亦頗有早年法國野獸派巨匠馬蒂斯（Henri Matisse）的精神氣韻。

回顧生平，秦松顯然在文學與繪畫方面啟蒙甚早。一九三二年生於安徽盱眙，初中時期開始寫詩，並以筆名「冬青草」在報章雜誌上發表新詩作品。十七歲（1948）始習畫於南京，首次接觸且深受西方現代藝術如塞尚、梵谷、高更等印象派畫家作品影響。十八歲（1949）因戰爭失學，從軍任部隊政工，後隨國民政府來台。翌年（1950）進入台灣省立台北師範學校藝術科（今國立台北教育大學）就讀，也開始自學版畫創作。

掀起改革浪潮的前衛藝術先鋒

一九五三年，秦松任教於台北女子師範專科學校（現台北市立教育大學），並與何明基、席德進等人跟隨「台灣現代藝術導師」李仲生研習現代繪畫理論。二十五歲那年（1956），秦松邀集詩人麥穗、吳望堯等文友發起「藝文社」，相繼創辦《明天詩訊》。同年（1956）他又受邀加入詩人紀弦創立的「現代詩社」，不僅積極投入新詩現代化的推展運動，經常還在《現代詩》、

1 參考 1991 年秦松撰寫〈秦松畫思錄〉手稿，收錄於 2019 年「藝術家出版社」發行、白適銘著《春望・遠航・秦松》，頁 132-133。

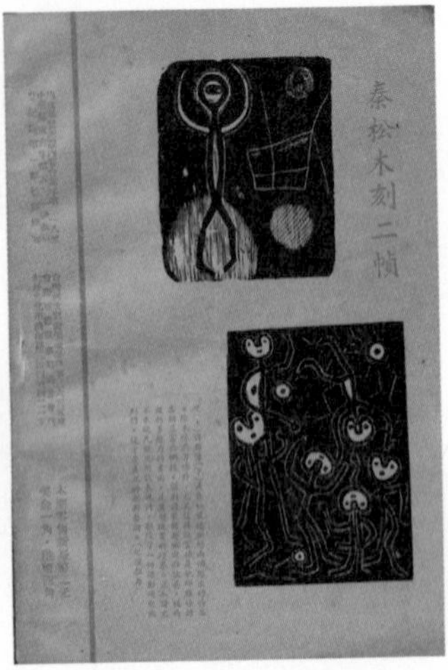

五〇年代末期，秦松經常在紀弦主編《現代詩》刊物發表新詩及木刻作品。就在他師從李仲生開始接觸現代繪畫理論之後，其畫作風格很快便從早期的鄉土寫實逐漸走向現代抽象形式的探索。（舊香居提供原件，作者翻拍）

六〇年代《星座詩刊》與《南北笛》季刊封面經常使用秦松繪製一幅抽象版畫的不同套色方式來作替換。（舊香居提供原件，作者翻拍）

《藍星》、《創世紀》等刊物發表新詩及木刻作品。

根據前輩詩人向明的說法，早年秦松「以油墨 筒來拓印版畫是他首創的，他還傳授給陳庭詩，一改陳氏蔗板版畫的飽滿性。」[2]由於受到西方現代抽象繪畫的影響，秦松大多慣用紅、黃、藍、黑、綠等原色，並以平塗色塊形成各種純粹的圖像符號，看似生物細胞結構的局部放大，或是日月山川星辰的變幻起落，彷彿闡述著某種神秘的造型、禪境的意象。當時有些詩刊的每期封面主題，即是使用秦松繪製一幅抽象版畫的不同套色方式來作替換。譬如由詩人林綠、王潤華、淡瑩、翱翱（張錯）等大學僑生為班底，於一九六四年創設的《星座詩刊》，以及一九六七年由作家羊令野、葉泥、鄭愁予等合辦，羅行主編的《南北笛》季刊。

就在一群台師大藝術系校友（包括劉國松、郭東榮、郭豫倫等）為仿效法國「五月沙龍」的實驗精神而共同籌組「五月畫會」的那年（1957），秦松亦偕同楊英風、江漢東、李錫奇等創立了「現代版畫會」，試圖透過抽象的造型語言，解放了五〇年代反共文藝政策所主導的戰

2 參考向明，2007，〈看似站在圓中，其實立於方外——痛失老友秦松〉。

門木刻版畫樣貌。及至一九六五年，更與散文作家于還素、版畫家陳庭詩等友人共同創辦以倡導現代藝術為主的《前衛》文學藝術雙月刊，自己當起了主編。彼時兼善繪畫與詩文的秦松，當年在整個台北藝文圈內可說是非常活躍。

老友麥穗回憶：年輕時的秦松，意氣風發、交遊廣闊，無論是寫詩或作畫都充滿了迎向未來的自信和憧憬。他對於文學藝術不但熱愛，更有極大的企圖心，經常將「大幹一番」、「開創明天」[3]等語掛在嘴上。

作為一個現代主義的狂熱追求者，身兼畫家、詩人等雙重角色，秦松憑著他對藝術的熱情與才華，年僅二十八歲（1959）即以一幅名為「太陽節」的抽象版畫參加第五屆巴西「聖保羅國際雙年展」而獲得榮譽獎，登時聲名大噪、揚名國際，也因此站上了時代潮流的頂端，緊接著又加入了宣稱開放自由的「東方畫會」，成為當時推動台灣現代藝術的重要旗手之一。

白色恐怖肅殺氛圍下的陰影

一場莫須有的巨大衝擊和政治高壓籠罩在一九六〇年。藝評家顧獻樑（1914-1979）甫從美國返台（1959）後不久，旋即應教育部之聘，擔任藝術教育顧問，不僅致力於宣揚現代主義藝術，更積極號召當時島內南北各立山頭的「五月」、「東方」、「今日」、「現代版畫」、「四海」、「長風」等眾多畫會，予以整合成為「中國現代藝術中心」。原計畫預定在三月二十五日「美術節」這天，於南海路國立歷史博物館舉行成立大會，同時邀集了包含楊英風、秦松在內，總共一百四十五位藝術家聯合舉辦大型現代美術畫展，並安排由巴西駐台大使在該館展覽室頒發「聖保羅雙年展」榮譽獎牌給秦松。

孰料，由於這群力主「改革、創新」的現代派青年藝術家，非但公開宣告「與傳統決裂」，甚至還大張旗鼓地動員集結起來想要「大幹一番」，果不其然引發了傳統畫界保守勢力的反撲。正所謂「樹大招風」、「槍打出頭鳥」，當天便有政戰學校藝術系教授梁中銘和梁又銘兩兄弟帶記者來到現場，聲稱秦松展出的兩幅抽象畫作其中一張暗藏著倒寫的「蔣」字，並向警備總部等情治單位指控其思想有問題，為「共匪」作統戰、宣傳「反蔣」和「倒蔣」。

「戴紅帽子的事件在台灣是很恐怖的，我在當時很憤怒也很鎮定的爭辯說：如果我把這幅畫倒過來掛，不就是成了『擁護蔣』了嗎？」，根據秦松本人在事後的追憶自述：「這天下午的頒獎典禮和成立大會都被取消。我和我們一批畫現代畫的朋友們，被迫趕出在博物館外面的草地上

3 參考麥穗，2007年6月，〈一個失去明天的詩人畫家——悼念故友秦松〉，《文訊》第260期，頁44-47。

聚談……我的兩幅作品因為造成『匪諜』事件，故我還記得畫題是《春望》和《出航》，這兩幅作品被沒收和埋封直到現在，從此不見天日有十多年，談到這裡我就很激動和憤怒。」[4]

所幸，由於當時任職教育部國際文教處處長、本身也是書法家的黨國大老張隆延出面做保，才使秦松免除了一場牢獄之災。遭此事件之後，約莫在一九六三至一九六五年間又再發生另一樁「紅旗」事件，當時秦松在中華路海天畫廊舉行的東方畫會聯展裡有五件作品參展，卻被人批評說他的思想及畫作有問題。此外，秦松發表於一九六七年四月《幼獅文藝》的一首新詩〈天牆〉，最末四行「以我的左手推開右壁，以我的右手推開左壁，推開一線青天，推起一輪血紅的太陽」似乎又犯了忌諱：被影射為推翻國民黨（青天）、擁戴共產黨（紅太陽）。

「我自己也不覺得有何問題，直到司馬中原提出它們觸及政治的某個角落了，我才恍然是因這幾句話的緣故」，秦松坦言：「我覺得怎地這許多事情，偏偏都降臨到我身上。」[5]

這段期間多次遭受含沙射影的誣陷指控，終將成了迫使他離開台灣的最後一根稻草。於是在一九六九年便藉著美國國務院邀請赴美考察訪問的契機，從此留居紐約滯美不歸。多年以後，秦松回首不禁感嘆：「我雖然很勇敢的依然創作未斷，對我的精神感受上卻有很大的影響。這種狠毒的無形打擊，使我在用紅色上有了顧忌，尤其是在畫圓形太陽的意象上，在寫詩時候也不能用紅色的太陽的意象。我的詩和畫都沉悶而灰色起來，由抒情的抽象進入理性的抽象，以渾濁凝重的黑色為主調，畫了一系列的黑色的太陽，像黑膏藥。」6

離台赴美之前（1967年），秦松出版了一本詩畫集題名《原始之黑》，並將他過去二十年來在台灣發表過的詩和畫等作品，總結稱之為「黑色的太陽」時代。「在封面上我還是用了紅色」，秦松特別強調：「因為我喜歡紅色，也喜歡太陽。」7

現代詩與繪畫的跨域交流

「詩是生活的流域上的浪花，也是死水沉澱下的火焰。詩是一種無形的火焰，有形的潮聲。」8

——秦松，1981年，〈傲慢與偏見：關於詩的〉

4 參考秦松〈自剖「台灣的黑太陽」〉，收錄於1985年《很不風景的人》，香港：三聯書店，頁260-263。
5 參考賴瑛瑛，1996年10月，〈生命詩歌的詠唱——訪秦松談六〇年代的時代氛圍及複合藝術〉，《藝術家》第257期，頁372-380。
6 參考秦松〈自剖「台灣的黑太陽」〉，收錄於1985年《很不風景的人》，香港：三聯書店，頁260-263。
7 參考秦松〈自剖「台灣的黑太陽」〉，收錄於1985年《很不風景的人》，香港：三聯書店，頁260-263。
8 參考秦松，1981年，〈傲慢與偏見：關於詩的〉收錄於1985年《很不風景的人》，香港：三聯書店，頁227。

回溯上世紀五〇年代末到七〇年代，許多畫會（比如五月、東方）與文學雜誌如雨後春筍般紛紛出現。在早年資訊匱乏與物質貧困的大環境下，喚起了一群激進的年輕畫家和詩人的熱情。他們彼此之間往來互動頻繁，且以各自單薄的力量相互扶持勉勵，共同摸索著現代主義的前衛美學思潮，由此激盪出不同的火花。當時不乏有詩人經常寫文章來談現代美術，而有些畫家同時也頗擅長寫詩，甚至積極參與創辦各類藝文詩刊活動。

「紀弦自己以前學過畫，了解詩與畫的關係，在詩和畫上我們有著很好的溝通橋樑，他在《現代詩》上發表幾期我的詩、木刻及版畫，都是登在封面和封底。」[9]作為早年橫跨詩畫創作領域的箇中翹楚、且深諳「以詩論藝」的秦松認為「抽象派的畫有一種音樂的旋律」，也常見將中國古代青銅銘文和傳統漢字書法線條融在畫作中。

自從一九六〇年遭遇白色恐怖政治迫害的「倒蔣事件」之後，島內藝文界一時風聲鶴唳、氣氛低迷，秦松便開始將部分木刻版畫及新詩作品陸續投稿到香港《海洋文藝》，以及由劉以鬯主編的《香港時報》文藝副刊「淺水灣」等海外刊物。其中有三幅抽象版畫〈結局〉、〈沉落季〉和〈消息〉最初發表於「淺水灣」專欄，畫作裡各式抽象造型的線條流動、聚散離合、明暗對比，隱然形成了一種視覺上的韻律感，這些作品後來收錄在台灣早期詩人沈甸（1928-2018）

發表的第一部詩集《五月狩》，作為全書分輯頁面插圖。至於作者「沈甸」究竟何許人也？原來就是日後描寫軍旅生涯「代馬輸卒」系列聲名大開的散文作家張拓蕪。

據詩人好友辛鬱的記述[10]，當年「倒蔣事件」雖然沒有鬧大，卻仍對秦松造成了難以彌補的傷害，寫詩就成了他宣洩情緒的管道。舉凡向海外發表，乃至其後出走台灣，都有對白色恐怖抗議的意味。

或許正因秦松本人過去曾經遭受「白色恐怖」政治迫害的親身經歷，以致令他對於同樣都是戰後獨自離鄉背井從中國大陸來台居留，一心致力於推廣美術運動，卻在五〇年代初期被冠以「匪諜」罪嫌突告失蹤，旋即遭國民政府槍決的木刻版畫家黃榮燦（1920-1952）最能感同身受。

就在他離台赴美定居十四年後（1983），秦松在紐約當地閱讀了一份叫做《台灣與世界》月

9　賴瑛瑛，1996年10月，〈生命詩歌的詠唱——訪秦松談六〇年代的時代氛圍及複合藝術〉，《藝術家》第257期，頁372-380。

10　參考辛鬱，〈現代詩畫雙棲的前行者：略說老友秦松〉，《文訊》276期（2008），頁53-56。

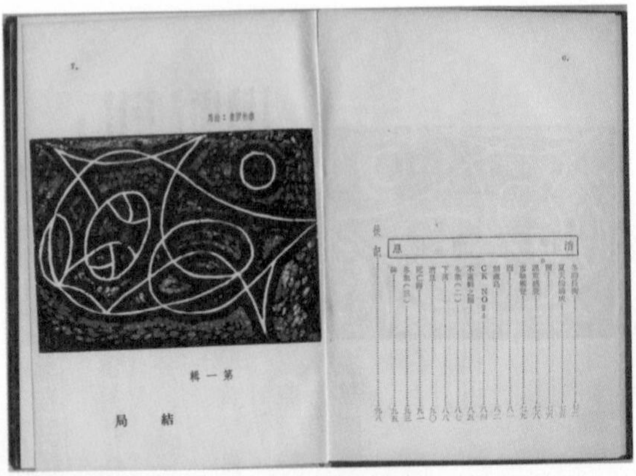

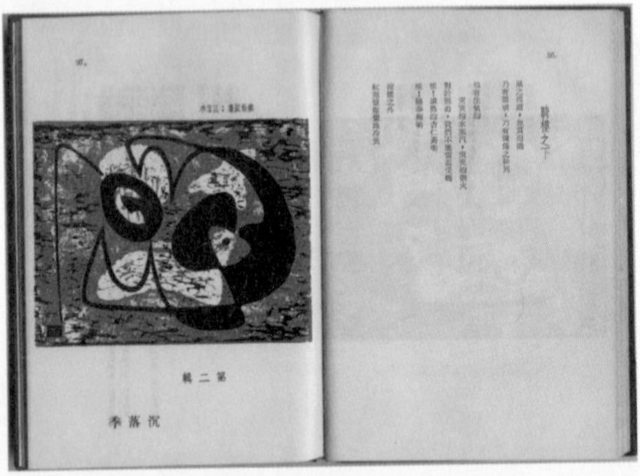

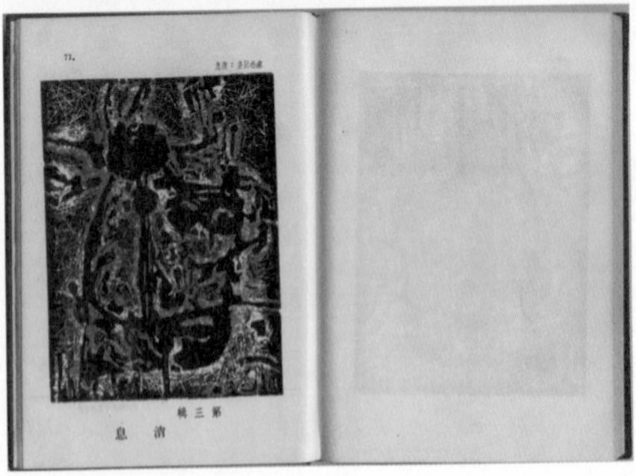

六〇年代初期秦松在《香港時報》「淺水灣」副刊發表的三幅抽象版畫〈結局〉、〈沉落季〉和〈消息〉，後來成為台灣早期詩人沈甸的第一部詩集《五月狩》書中頁面插圖（舊香居提供原件，作者翻拍）

刊的中文雜誌，赫然看到某期封面上有黃榮燦的木刻版畫，封底則有簡介黃榮燦的文字，讓他不禁想念起這位曾經在台灣有過數面之緣的知交故舊。為此他甚至還特地寫了一篇紀念文章，發表在香港出版的散文集《很不風景的人》。

「黃榮燦是我早期在台灣開始繪畫的師友之一，那時我才廿歲左右，他也不過卅出頭。正是青年英俊的『單身漢』，能畫能寫的青年藝術家，活躍在當時的畫壇上。他是從大陸最早到台灣的最活躍最熱誠的畫家、藝術運動家，也是大陸畫家與本地畫家的一座橋。」[11]

在該篇文中，秦松娓娓述說著當初兩人的相識因緣：「黃榮燦當時在師範學院藝術系任副教授，也是『中國美術協會』常任理事……幾乎所有『美協』的會務與活動，都是由黃榮燦等人負責推動。『美術協會』的地址設在博愛路『國貨公司』大樓上。我是在這個大樓上認識黃榮燦的，首次交談彼此印象很好，他對我所談的美術見解很欣賞並給予很多鼓勵。我也很佩服他的創作經歷和他的追求現代獨創的畫風。當時『美協』的牆上就陳列著他幾幅油畫作品，表現人的生命的原質，作風粗曠有力，在『表現主義』與

11 參考秦松，1983，〈黃榮燦不寂寞了〉收錄於 1985 年《很不風景的人》，香港：三聯書店，頁 162-169。

『立體派』之間給我很深的印象。」[12]

文末，緬懷故友的秦松，更在結尾處附錄了一篇多年前（1979）早已寫就卻未曾公開發表的長篇詩稿〈燦綠的黃原〉，予以悼念昔日這位亦師亦友的木刻運動家，特此節錄如下：

〈燦綠的黃原——追念一位失蹤的畫家〉

在水銀燈的竊盜下
在藍帽子的突擊下
在灰白的濃霧裡
你就這樣不見了，永遠的不見了
連你曾經在陽光下的投影
在水上的不安的倒影
也被誰吃掉了
吃得乾乾淨淨
從此，無人敢提起你
也不人能夠忘了你
……………………（中略）
想起你火般熾熱的生命
火的造型，火的色彩，火的畫
是一條長長的火把的路
還有跟來的火把的長長的隊伍
漂鳥的島已倦欲返她的家
木蘭舟也將要回航的時候
如你的夢將要開花的時刻
你在哪裏？你在哪裏？
你的未出嫁的新人在哪裏？

啊！她在等待裏，在守望裏
聽說多年以前
還在等你回來舉行未舉行的婚禮
有人說你曾躺在一個軍醫解剖室裏
他們要解剖你的身體
也要解剖你的思想
像絞殺你還沒有完成婚禮的
未亡人的哭泣的心
那些殘忍的傢伙
謀殺你的劊子手們
還在繼續的幹著謀殺的勾當
還在絞殺著殺不完的憤怒的火苗
想起你，想起從未見過面的
你的美麗而傷心的新人
她也許會帶著太陽去找你
在你未走完的路上

1979年9月3日正稿於紐約

失落的異鄉人

為了逃離政治迫害的紛擾，毅然選擇離台赴

12 參考秦松，1983，〈黃榮燦不寂寞了〉收錄於1985年《很不風景的人》，香港：三聯書店，頁162-169。

美不歸的秦松，其後半生卻始終擺脫不了縈繞心頭的陰影：「我之出走，就是政治殺害藝術的鐵證。自我放逐或是被放逐，從一九六九年至今數十年，不得已居留美國。我是積極樂觀的，但政治事件的後遺症永不能平復。」[13]

據他身邊朋友皆知，秦松旅居美國之後，日子過得並不如意。作家友人麥穗也曾透露：「秦松喜愛杯中物，在不得志的異國，更常以酒消愁，時而喝得酩酊大醉，據說去世前夕，還跟友人喝得大吐。」[14]由於天生個性上的倔強與自負，令他一直不能適應異國的新社會。在紐約住了二十多年仍不會說英語，也不與當地人相處，過著幾近自我封閉的隱居生活。平日生活則靠政府的失業救濟金，儘管胸懷壯志，卻始終無法施展抱負，最終也沒有在美國藝術界闖出一片天地。

蟄居紐約的秦松，雖然仍有機會應邀到多處舉行個展，也曾數次去中國大陸訪問，甚至一度發起成立「紐約文藝中心」，詩作亦常在洛杉磯發行的《新大陸》詩刊，以及港台各家藝文雜誌發表，更持續在海外出版詩集《在中國的東南海上》（1976年紐約出版）、《唱一支共同的歌》（1978年香港出版）、《無花之樹》（1983年北京出版），但均未得到以往青年時在台期間展出作品所獲的迴響。

秦松晚年在接受媒體訪談時表示：「我只是『居留』紐約，沒有入籍成為『美國人』。我在美國是『客居』，在台灣也是『客居』。」[15]就在他宣稱「自我放逐」在美國度過了三十八年，七十六歲的秦松突然病逝於紐澤西州住家浴室裡，因獨居之故而在他過世數日後才被人發現，後來由詩藝兩界好友於紐約舉行追悼會。

三十歲以前，秦松年少早慧一朝成名，創作事業春風得意，無論詩和繪畫皆蘊含鮮明強烈的前衛風格，言談舉止間亦頗有狂傲不羈的氣派，不料卻在而立之際遭逢人生大劫，乃至被迫去國離鄉，最後落寞以終。我赫然想起晚年秦松筆下那些充滿各種不可解的神秘符號般的抽象版畫，像是碎裂的臉孔、腳掌或肢體，但又糾結在一層層幾何學的方圓秩序當中。從某種象徵意義上，即便秦松本人早已流落異邦、歷經凄風苦雨數十年，到頭來卻似乎仍走不出那由「圓」與「方」所構成的生涯迷障？

——（本文原刊於2021年8月27日《聯合報》「鳴人堂」專欄。）

13 參考秦松，1997年5月，〈秦松談自我之變遷〉，《藝術家》第264期，頁456-459。

14 參考麥穗，2007年6月，〈一個失去明天的詩人畫家——悼念故友秦松〉，《文訊》第260期，頁44-47。

15 參考秦松，1997年5月，〈秦松談自我之變遷〉，《藝術家》第264期，頁456-459。

第十三章

一個歷經滄桑的民族樂手——思想起陳達的時代現象

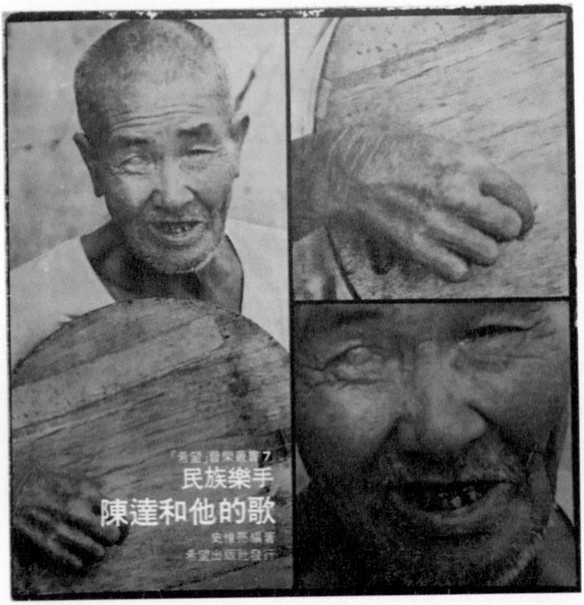

1971年史惟亮為了資助陳達的生活困境而錄製的《民族樂手——陳達和他的歌》唱片封面。（古殿樂藏提供原件，作者翻拍）

在台北的音樂廳或咖啡屋，除了「稻草人」沒有人敢老遠把陳達請過來唱歌，因為他的歌，既不商業，也不流行，可是他的歌卻使人想起泥土，鄉愁與遠方……如果你聽過披頭，滾石或鮑布狄倫，而沒有聽過陳達，只能表示你心胸不夠開闊，生活不夠豐富……一句話：你的搖滾精神是假的。

——〈來聽陳達把歌唱〉1977年《滾石雜誌》

稻草人音樂屋活動宣傳文案

對於島內文化界而言，一九七七這年可說是台灣民歌史上接連發生多起重大事件、以至影響世局變化最關鍵的一年：舉凡從去年底到該年初（1976.12.25-1977.1.24）恆春民謠歌手陳達

（1906-1981）受邀前往台北「稻草人西餐廳」駐店開唱；二月「民歌採集運動」發起人之一的史惟亮罹患肺癌過世；三月陳達應邀參加淡江大學主辦「中國民俗歌謠之夜」；四月許常惠、張照堂、向子龍等策劃陳達參與演出的「第一屆民間樂人音樂會」[1]正式登場；五月台灣當代文化界導師・戲劇學者俞大綱過世；六月「洪建全教育文化基金會」再版當年（1971）史惟亮為了資助陳達的生活困境而錄製的專輯《民族樂手—陳達和他的歌》重新問世；十二月台灣首位民族音樂學博士呂炳川與日本「勝利唱片公司」（Victor Records）合作出版《台灣原住民族——高砂族の音樂》唱片專輯獲得該年度「日本文部省藝術祭大賞」，成為當時音樂學界揚名國際的「台灣之光」。

其中備受各方人士矚目、綽號「紅目達仔」的陳達，自從十年前（1967）透過史惟亮、許常惠分頭率領「民歌採集隊」在恆春鎮大光里砂尾

1 1977年4月，許常惠邀請俞大綱、陳奇祿、辜偉甫、劉鳳學、呂炳川、林二、林懷民、施叔青等人發起籌設永久性的「中國民族音樂中心」，請俞大綱擔任籌備委員會主任委員。並於4月20日當天下午七時30分，由「滾石雜誌社」和「稻草人西餐廳」聯合主辦，在台北市實踐堂舉行「第一屆民間樂人音樂會」，策畫人為：許常惠、張照堂、林二、向子龍、陶曉清及段鍾潭六人。

路旁一處破舊低矮老屋「被發現」之後，這個原本沒沒無聞的窮苦老人（當地鎮公所登記有案的無業一級貧戶），一夕之間旋即以被遺忘的「民族音樂瑰寶」、「鄉土傳奇人物」頓時成為媒體關注焦點。

不久，這股短暫的熱度很快退潮。此後數年間，相關新聞逐漸歸於沉寂，台北文化界似乎已忘了陳達。直到一九七二年《漢聲雜誌》、《中國時報》「人間」副刊相繼報導素人畫家洪通（1920-1987）的作品，連帶引發民間社會鼓吹「回歸傳統、關懷鄉土」的大眾文化熱潮再起，從文學、美術運動席捲到了音樂領域。當時，中國電視公司編導王曉祥獲報前往探訪洪通畫室，並拍攝了一部短片，在中視《新聞集錦》節目播

一九七七年六月，陳達應邀在台視「銀河璇宮」節目登場亮相，並與「最美麗的主持人」白嘉莉合影留念。（作者收藏翻拍）

放。時任中視新聞部攝影記者的張照堂，也趁著轉播南部少棒比賽之便，特別趕到恆春去訪問陳達。

一九七七年二月《國際視聽月刊》第19期刊登「洪建全視聽圖書館」邀請陳達在圖書館由許常惠主持的專題演講中做現場演唱。

阮要來去台北作歌星

早自年少時期，陳達就很喜歡彈月琴唱歌，因此難以適應一般工作。後來他前往台東投靠二姐陳招，並以打零工、到處唱歌維生，直到十七、八歲才返回恆春。閒暇之餘，陳達經常背著月琴到處流浪，足跡遍及大恆春地區，甚至遠至楓港、台東等地。但凡遇有婚嫁、廟會、節慶等場合，往往就能即興獻唱，只要有頓飯吃或少許賞錢，便心滿意足。在史惟亮錄製的《民族樂手—陳達和他的歌》便收有陳達早年搭乘「撫順丸」號，經由海路從恆春到台東沿途走唱的親身經歷[2]。

根據許常惠最初發表在《東海民族音樂學報》的論文〈恆春民謠「思想起」的比較研究〉

2 參考徐麗紗、林良哲，2006，《恆春半島絕響—遊唱詩人陳達》，國立傳統藝術中心，頁25-27。

內容記載，當年（1967）許常惠與史惟亮發起「民歌採集運動」，不僅在恆春地區「發現陳達」，同時也找到了多位擅長演唱「恆春民謠」的民間樂人，如：吳知尾、王惠芬、廖玉花、張清來、魏萬、黃公愛、林添發、潘阿春等[3]。

然而有趣的是，雖然當時恆春地區不只陳達一人唱民謠，但以他這般完全沒有家庭和固定工作的包袱，同時大半輩子四處流浪走唱的案例卻是絕無僅有。除此之外，由於陳達本身孤獨的身世，一口蒼涼沙啞的獨特唱腔，加上極富戲劇化的走唱生涯，且能將日常生活所見所聞、乃至當下的社會事件作為詞曲素材，信手拈來進行即興演唱（improvisation），並搭配月琴伴奏。事先完全不需提綱構思，彷若自由自在、無拘無束，形成了獨樹一幟的「陳達魅力」。

舉凡台大對面的「稻草人」（1977）、淡江大學的「中國民俗歌謠之夜」（1977）、林懷民編創「雲門舞集」首部舞劇《薪傳》伴唱（1978）等相關活動，在這短短一兩年間，面對絡繹不絕慕名而來的知識份子和文藝青年，以及邀請他來台北演唱的都市人，陳達總以為自己是要被找去台北當明星的。

彷彿一座雕像般的民族音樂圖騰

乘著七〇年代鄉土文化尋根運動的風起雲湧，加上媒體不斷報導的推波助瀾，更意外受到時任行政院長蔣經國的幾度關切探訪，並留下彼此作為「民間友人」的合照[4]。當時宛如「鄉下人進城」來到民謠咖啡廳裡駐唱的陳達，因緣際會成為時代寵兒。

早年曾經密切訪談陳達並與之聯絡互動的張照堂在〈陳達．印象〉這篇文中回憶：「陳達那種那婉轉感傷的歌聲，合著水牛的哞叫著，使我體會出自己的雙腳是實實在在的踩在自己的泥土上，沒有一點輕浮與虛幻。當時我幾乎是要放棄了正在專心操作的攝影機上，只想把自己好好投入現場那種鄉土歌謠感染下的一剎那，在咖啡館中是不會有這『一剎那』的，咖啡館中只有感傷，缺少溫暖」[5]。

陳達在「稻草人」期間，喜愛西方搖滾樂的張照堂，不僅經常以其心儀的現代遊唱詩人鮑布狄倫（Bob Dylan）拿來與陳達的鄉土即興演唱做對照，甚至還把狄倫的唱片直接送給陳達，並表示陳達「喜歡狄倫那種半說半唱、拉長尾音的唱法」，且強調「那種樸實而硬朗的歌風，與陳

3 參考許常惠，1974年7月，〈恆春民謠「思想起」的比較研究〉，《東海民族音樂學報》，東海大學音樂系民族與教會音樂研究中心出版，頁12-53。

4 參考徐麗紗、林良哲，2006，《恆春半島絕響—遊唱詩人陳達》，國立傳統藝術中心，頁62-63。

5 參考張照堂，〈陳達．印象〉，《中國時報》1977年4月25日第20版。

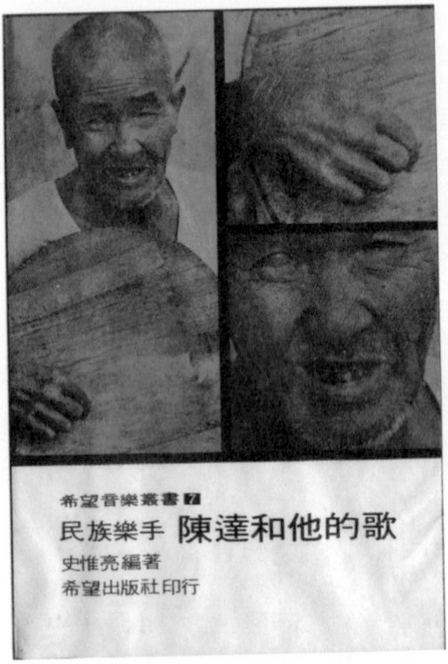

陳達彈奏月琴的視覺形象儼然成為影響當代台灣傳統民族音樂最鮮明的精神圖騰。圖片由左至右依序為：一九七一年九月史惟亮編著《民族樂手—陳達和他的歌》、一九八〇年十一月姚孟嘉繪製木刻封面的《民俗曲藝》創刊號、一九八一年四月《時報雜誌》第 73 期的陳達封面（林伯樑拍攝雲門「薪傳」首演現場）。（作者收藏翻拍）

達的恆春民謠在精神上是很相通的」[6]。

然而，來自恆春鄉間的陳達，終究無法變成台灣的鮑布狄倫，反倒更像是好萊塢電影裡被刻意帶到大都市的百老匯舞台上任人觀賞的《金剛》。無論是在「稻草人」咖啡廳裡，抑或在淡江大學「中國民俗歌謠之夜」演出現場，到處都是閃爍鎂光燈和專程前來朝聖的人，座下的觀眾既好奇又興奮。當掌聲響起、音樂回盪，彷彿看到了熟悉的祭祀（獻祭）場景。

特別是我看完《金剛》，一直記著影片裡，從金剛眼中流露出的那種孤寂和落寞的眼神。

而在網路連載「陳達歲月」的部落格文章裡，亦可見張照堂近距離拍攝陳達臉部表情的一系列經典特寫。「他總是靜靜的坐在那兒，像一座雕像」[7]。鏡頭下，陳達的眼中每每充滿了孤獨、無奈，當他走在寂靜的街道上，眼前似乎面向一條通往遠方的路，憂鬱的背影孤零零地與周圍一徑的違和感，令人久久難忘。

在這些影像故事裡，陳達的一生，恰如一首訴說無奈、漂泊與孤寂的悲歌。每當聽他唱起〈思想起〉、〈牛尾絆〉拉高八度的尾音，那聽似悠遠的悲啼，透過陳達沙啞的嗓音，彷彿更能

6 參考張照堂，〈陳達．印象〉，《中國時報》1977年4月25日第20版。
7 參考張照堂，〈陳達．印象〉，《中國時報》1977年4月25日第20版。

感受到他內心深處的淒涼和滄桑。

人生最璀璨的時刻，毋寧也是他最寂寞的光陰。陳達的歌與人，透過張照堂的照片文字，以及當時各報章媒體所呈現陳達彈奏月琴的視覺形象不斷地輾轉流傳，儼然成為影響當代台灣傳統民族音樂最鮮明的精神圖騰。

從「民歌採集」到淡江「民歌運動」

位於台灣南端的恆春半島，舊稱「瑯嶠」（Longkiauw），自古以來由於三面環海、一面臨山，加上丘陵多、平原少，以及交通不便等條件，形成了對外隔絕的地理環境。早期這個區域與外界的往來，除山路外，就只有行船渡海了，直至近代，才有公路與外界相通。但從民謠發展的角度來看，也正因為鮮少受到外界影響，同時包含本地福佬人、客家人、魯凱族、排灣族及西拉雅族人等不同族群長期共處和通婚下，才因此孕育出了得天獨厚的民俗歌謠文化。

早被史惟亮、許常惠「發現」之前，陳達原本就是恆春鄉間的民謠歌手，經常在婚喪喜慶的場合為民眾演唱〈思想起〉、〈四季春〉、〈平埔調〉、〈牛尾絆〉、〈五孔小調〉等恆春調民謠。儘管有些鄉民偶爾難以忍受他的古怪孤僻，但談及彈唱民謠，則人人讚不絕口，很多場合只要有陳達在，大家都樂於聽他唱歌

許多同為唱恆春民謠的老歌手，在提到陳達時通常都會指出「他所彈的曲跟他的唱腔、他的

調，和一般不太一樣」。

依據民族音樂學者明立國的研究，針對〈思想起〉這首歌，恆春當地的歌者將它分為三種類型：一是「達仔調」，二是「普通調」，三是「新調」。這裡的「達仔調」乃特指陳達所唱的調子，其特色是一段旋律可以拖得很長，也就是其中加了許多襯字或詞語。明立國表示：「陳達所唱的調子經常是夾唱夾敍的，但與漢族傳統的說唱音樂又很不同」。若從曲調結構來推敲，〈思想起〉的旋律倒比較接近西拉雅族（屬原住民平埔族群中的一族）的傳統民歌[8]。

有趣的是，在陳達所唱的民謠當中，詞曲內容雖多半是勸善、祝賀之作，也鮮少反映自身的悲哀。然而，聆聽者往往卻能從他的歌聲裡，隱約感受到一股難以言喻的苦澀及感傷。

民族誌與知識建構的權力痕跡

我們實在不必自詡，「發現」或「找到」陳達這塊「人間瑰寶」，因為我們並沒有像找到一塊寶石那樣付出相當的心血去珍視、呵護他，我們僅從他那兒接觸到真正富民族風格、富生命力的民

8 參考明立國，1991年3月6日，〈恆春民謠思想起—關於音樂的涵化現象〉，《自立早報》。

> 歌，雖然由此可滋潤中國音樂界貧瘠的內涵，開闊我們的胸襟與視野，可是當我們面對陳達時，我們會感到一點虧疚[9]。
>
> ——邱坤良，1979，〈陳達的歌〉

根據當年（1967）許常惠最初於《新生報》連載的〈民歌採集隊西隊日記〉一文，在七月二十八日這天的田野筆記上，他幾乎是以一種宛如小說般的戲劇化口吻寫道：「今天，我在離開台北五百公里的恆春山中，為一個貧窮襤褸的老人流淚了。……在屋裡，我慢慢地看出有一個床位與一些破舊的炊事用具，最後我認出一把月琴掛在土塊牆上，這些可能就是『紅目達仔』的全部財產。他在這黑暗、貧困與孤獨的世界裡，與一把月琴生活在一起，這個環境已經夠使人感到深沉的悲痛了，而他拿起月琴，隨著發出那悲啼似的歌聲的時候，從他的『牛母伴』、『思想起』、『四季春』、『台東調』裡，我感到這世界，這被大都市的人所忘卻的世界是多麼真實！」[10]文末，許常惠除了一再強調流淚不足以表達其內心感動之外，他更是連連驚呼終於找到了多年來一直屹屹追尋的「民族音樂的靈魂」！

同樣這篇文章、這段敘述，後來他將標題改為〈民歌採集日記〉（拿掉了原本「西隊」一詞，成為該活動的全稱）再度發表於一九六七年的《文學季刊》第五期[11]，隨後更以該篇內容為定本，反覆收錄在許常惠著《尋找中國音樂的泉源》、《民族音樂論述稿》等書中多次再版。

值得注意的是，許常惠原先在〈民歌採集日記〉並沒有附上任何照片，然而在日後出版的個人傳記《昨自海上來：許常惠的生命之歌》（1996年）、《那一顆星在東方：許常惠》（2002年），以及風潮唱片發行《山城走唱：陳達・月琴・台灣民歌》（2000年）等出版品裡，卻都同樣出現了一張據稱是當年（1967）許常惠拿者麥克風收錄陳達手抱月琴彈唱的現場照片。

更令人驚奇的，有一天我偶然查找「台灣音樂館」與「開放博物館」網站的典藏資源，竟赫然發現其中一張標註「1967年許常惠訪問民間樂人陳達」，與另一張標註「1970年代許常惠再訪陳達之留影」，這兩者根本就是在同樣的時間地點取景、甚至就連畫面中的人物衣著也都一模一樣、只是拍攝角度略有差異的同一組照片！

依筆者的考證推論，這組照片極有可能都是在一九七七年左右拍攝[12]。由於當時主流媒體追逐陳達的流行熱潮再起，與此同時「洪建全教

9 參考邱坤良，1979年1月，〈陳達的歌〉《雄獅美術》月刊第95期，頁156-158。
10 參考許常惠，1967年7月28日〈民歌採集隊西隊日記〉發表於1967年8月4日《台灣新生報》。
11 許常惠，1967年11月，〈民歌採集日記〉，《文學季刊》第五期，頁133-139。
12 關於這組照片的年份，後經與「許常惠文教基金會」查證結果，確定是於1977年所拍攝。

剛擔任西隊的領隊，負責西部地區的民歌調查。《民歌採集隊日記》就是他在一九六七年七月二十一日至二十八日的田野工作日誌，文中傳達了臺灣民間音樂的訊息。許常惠感嘆今天臺灣大小城市中，極少數會唱臺灣民歌者不敢唱，少數保守的愛好「國樂」人士則鄙視它，而大多數人不是忘了它，就是遺棄它，只迷醉於外國音樂的皮毛而不自知。他這樣讚美民歌的動態：「他們一唱起歌來，表現是多麼自然、多麼樸實、多麼幸福！他們的全部感情與精神，都融合在那歌聲裡。」

對於民謠編曲家以不成熟的編曲手法，將《思想起》打扮、整粉，弄成不倫不類的文明《思想起》，在台北的觀光場所繼續流行，那令人窒息的歌聲，使他忍不住發出內心的吶喊：「我要為《思想起》請命，還它自由，還它自然，還它生

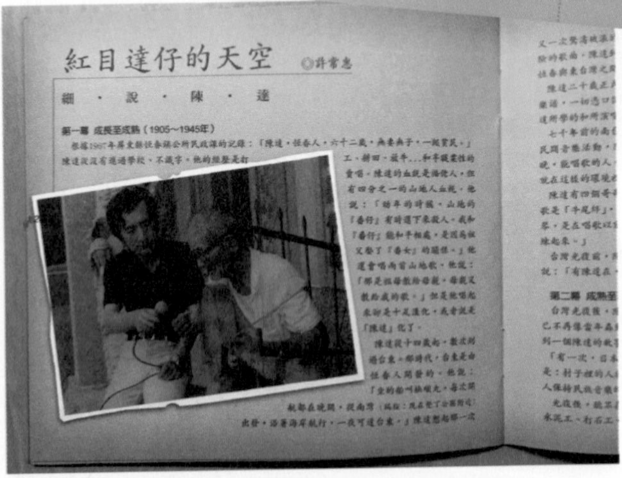
紅目達仔的天空　◎許常惠

細・說・陳・達

第一幕 成長至成熟（1905~1945年）

根據1967年屏東縣恆春鎮公所民政課的記錄：「陳達，恆春人，六十二歲，無妻無子，一級貧民。」

左為 2002 年時報出版《那一顆星在東方：許常惠》，右為 2000 年風潮唱片《山城走唱：陳達．月琴．台灣民歌》專輯解說手冊。其中收錄關於 1967 年許常惠訪問民間樂人陳達的歷史照片，實際上都是 1977 年補拍的同一組照片。（翻拍自《那一顆星在東方：許常惠》與《山城走唱》專輯解說手冊）

育文化基金會」也重新再版《民族樂手—陳達和他的歌》這張唱片，再加上這一年剛好又遭逢史惟亮、俞大綱過世。種種事件發生，令許常惠突然意識到陳達的重要性，乃至他為此策劃了「第一屆民間樂人音樂會」特別邀請陳達參與演出，並且順便補拍了「許常惠手持麥克風收錄陳達彈唱」現場照片，以茲作為「民歌採集運動」過程中強調「發現者」與「被發現者」從屬關係的歷史證明。

唱自己的歌：我們需要「新的陳達」

針對當時媒體大眾一貫獨尊陳達的潮流現象，民間早有人提出批判反思。譬如台南「惟因唱碟」的資深樂友苦桑便曾在其個人網站為文表示：「陳達將『恆春民謠』的說唱推向某個峰頂，私以為卻是個孤絕的存在，他那蒼勁嗓音聯繫在其歷盡風霜的老邁上，包括他的說話『漏風』，俱成了沒法模仿的說唱藝術風格。但經學院派大力吹捧，竟呈現一種只剩歌手的存在，卻擠壓『恆春民謠』至無人之境的吊詭景象。」[13]

13 參考2008年11月19日「萎萎陰陰」部落格〈朝向「殘廢」的聆聽：聆聽的玄想．3〉http://blog.sina.com.tw/323/article.php?entryid=606249&fbclid=IwAR1JAsZ5028ymoovEEx2SZspH--z6IH4H4oRn_h6OvQdvRf8KPFt7kYCsBg

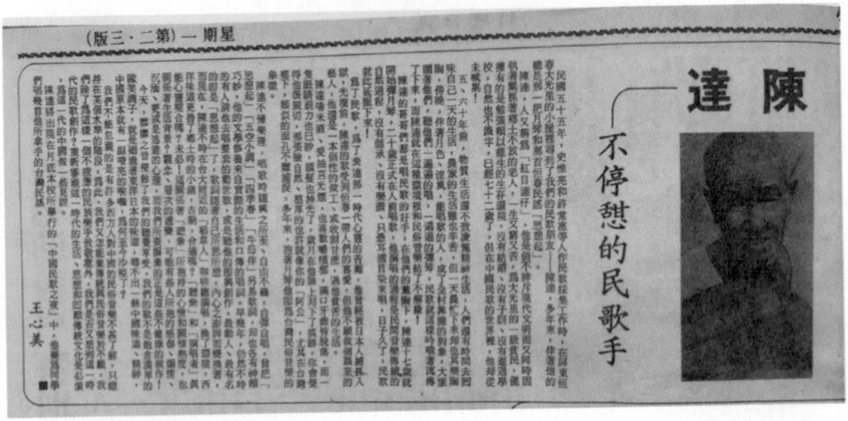

星期一（第二・三版）

陳達

不停憩的民歌手

民國五十五年，史惟亮和許常惠等人作民歌採集工作時，在屏東恆春大光里的小屋裡尋到了我們的民歌朋友——陳達，多年來，伴著他的總是那一把月琴和那首恆春民謠「思想起」。

陳達，人又稱為「紅目達仔」，他是個不耕序現代文明而又同時固執緊抓著鄉土不放的老人，一生又窮又苦，為大光里的一級貧民，擁有的是勉強賴以維生的生存環境，沒有結婚、沒有子嗣、沒有進過學校，自然也不識字，已經七十二歲了，但在中國民歌的世界裡，他卻從未喊累！

五、六十年前，物質生活還不致使觸精神生活，人們還有時間去回味自己一天的生活，農家的生活雖也辛苦，但一天農忙下來卻也其樂融融，傍晚，伴著月色、涼風，能唱歌的人，成了全村羨慕的對象，大家圍著他們，聽他們一遍遍的唱，一遍遍的彈奏，民歌就這樣吟唱著流傳了下來，而陳達就在這種環境裡和民俗音樂結了不解緣！

陳達的哥哥們都是唱民歌的好手，在他們的薰陶下，陳達十七歲就開始彈月琴，二十歲正式在人前唱歌，他演唱的過程是民間音樂傳統的自然過程，沒有師承、沒有樂譜、只憑耳聽目染來唱，日子久了，民歌就此落腳下來！

為了民歌，為了表達那一時代心靈的苦難，他曾經被日本人捕抓入獄，光復前，陳達的歌受到恆春一帶人們的喜愛，但他不願做個富家的藝人，他還是一本個性的做工、或放飼甘蔗，過他貧苦的生活。

陳達嗜米酒、愛抽芭光際，也喜歡嚼檳榔，滿口牙齒皆脫落，而一隻眼睛視力也已盼，頭髮也掉光了，歲月在他臉上刻下了痕跡，你會覺得他很親切，那張臉自然、慈厚的也許就像你的「阿公」，尤其在台灣鄉下，類似的面孔不難搜捉，多年來，抱著月琴他即為台灣民俗音樂的象徵。

陳達不懂樂理，唱歌時隨興之所至、自由不羈，自彈自唱，曾把「思想起」「五空小調」「四季春」「牛母伴」另易歌詞，却也各有神韻巧妙，他的文學修養來自實際的生活和口傳的唱詞，早幾年，仍然不時的有人請他去唱娶親的勸世歌，或是聽他的即興創作，鼓勵人、具有名的卻是「思想起」了，歌詞隨著自己所思所想，內心之澎湃而變換著而現在，陳達不時在台大附近的「稻草人」咖啡廳演唱，換了環境，西洋味道更勝了鄉土時的小調，古聽，合適嗎？「聽衆」和「演唱者」真能心靈契合嗎？未必！這無係著「聽衆」所抱持的心情和關懷角度，也關係著生活背景？觀念、層次的遞變，可能有些人所抱的悲傷、頹憤、沉痛，更就是這樣的心境，而我們所要擷拿的正是這些不健康的做作！

今天，聯繫之音受飽了我們的聽覺享受，我們的歌不是能含濃厚的陳笑調子，就是迴盪著東洋日本的味道，聽不出一絲中國味道、精神，中國原本就有一腔嘹亮的喉嚨，為何至今沙啞了？

我們不能忽視的是有許多西方人對中國的民俗音樂不甚了解，只體持在某個水準的階段，為此，我們又怎能棄傳統與民俗音樂於不顧，我們除了為這樣一個不疲憊的民族樂手致敬意外，我們是否又想到這一時代的民歌創作？重新審視這一時代的生活、思想和即將傳統文化是必須，為這一代的中國做一些見證。

陳達將出現在月底本校所舉行的「中國民歌之夜」中，他要為同學們唱幾首他所拿手的台灣民謠。

王心美

1977 年 3 月 28 日《淡江周刊》第 674 期在「中國民俗歌謠之夜」舉辦前夕刊登的專題報導〈不停憩的民歌手—陳達〉。

大抵從一九七七年起，陳達便相當頻繁且密集地來到台北參與各種演出活動，其周遭環境的急遽變化，導致他很快產生了「水土不服」難以適應的情況。

「半個月來，他來到羅斯福路三段『稻草人』餐廳，像個『明星』一樣受人注目，讓時髦的城市人也感染上一些鄉間氣息；然而，他的肩上，卻好像也突然間加重了負荷，那是別人給他那份負責民歌傳送的重任所壓下的」[14]，閱讀當下《聯合報》的專題系列報導寫道：「陳達不喜歡台北，那天他要求朋友帶他去拜拜，因為他覺得耳邊有鬼魅在叫，必須叫道士來念經、驅魔，心裡很想念他那間遠在恆春的六尺見方小屋，一心想回去。」[15]

其後，陳達隨即也在一九七七年三月三十一日淡江大學校內舉辦「中國民俗歌謠之夜」露天演唱會，與吳楚楚、楊祖珺、陳治欣、梁景峰、蔣勳、陳揚山等人陸續登台獻唱。回顧這場以陳達為主角號召的演唱會，日後更是不斷引起諸多民歌愛好者與音樂研究者的討論。比如當時頗具影響的《淡江周刊》便有評論者指出：「陳達從鄉下被挖掘出來，在稻草人，甚至在這場演唱會中，可以說是被當成活標本，滿足一般人懷舊思古的心理。這是不正確的。因此，新的陳達是最需要的了！」[16]

此處所謂「新的陳達」，乃意指民歌傳承最重要的是「後繼有人」。於是乎，就在這般期許新人接棒的濃厚氛圍下，當期《中國論壇》雜誌亦以一篇專文報導淡江青年歌手李雙澤在去年（1976）淡江舉行的民謠演唱會上登高一呼「唱自己的歌」宣言，藉此呼籲「唱舊歌，是為了引出新歌；我們以高度的熱情在期待一批現代的『陳達』」[17]等主張，從而開啟了淡江民歌運動的歷史序幕。

---

14 參考迷迷，1977年1月25日，〈他．累了．想回家〉，《聯合報》第9版。

15 參考洪簡，1977年1月25日，〈雅歌集：陳達的歌〉，《聯合報》第9版。

16 參考新研社集體採訪，1977年4月18日，〈我看「中國民俗歌謠之夜」〉，《淡江周刊》第676期。

17 參考劉慕澤，1977年3月25日，〈期待一批現代的「陳達」〉，《中國論壇》第36期，頁35-38。

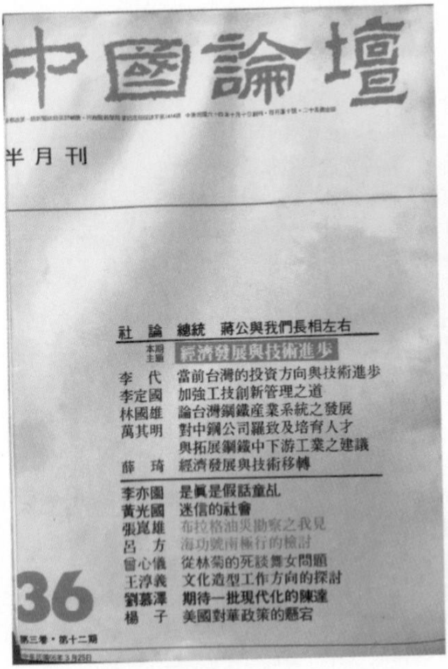
中國論壇

半月刊

社論　總統　蔣公與我們長相左右

本期主題　經濟發展與技術進步

李　代	當前台灣的投資方向與技術進步
李定國	加強工技創新管理之道
林國雄	論台灣鋼鐵產業系統之發展
萬其明	對中鋼公司羅致及培育人才與拓展鋼鐵中下游工業之建議
薛　琦	經濟發展與技術移轉
李亦園	是眞是假話童乩
黃光國	迷信的社會
張崑雄	布拉格油災勘察之我見
呂　方	海功號南極行的檢討
曾心儀	從林菊的死談舞女問題
王淳義	文化造型工作方向的探討
劉慕澤	期待一批現代化的陳達
楊　子	美國對華政策的懸宕

36

第三卷・第十二期

期待一批——現代的「陳達」

劉慕澤

・35・

一九七七年三月二十五日《中國論壇》第 36 期刊登劉慕澤專文〈期待一批現代的「陳達」〉，藉此呼應淡江青年歌手李雙澤在去年（1976）淡江舉行的民謠演唱會上鼓吹「唱自己的歌」宣言。（作者翻拍）

誠所謂世事難料！殊不知彼時接連譜寫出〈美麗島〉與〈少年中國〉等經典民歌的李雙澤，已然成了淡江師生與一眾文藝青年賦予殷殷寄託的「新的陳達」，可惜他卻在當年（1977）的九月十日因救人而在淡水鎮最美麗的沙崙海邊溺斃[18]。

儘管壯志未酬的李雙澤，在他還來不及實現其抱負和理想之前便已遠行離去，而陳達本人也在四年後（1981）的四月十一日這天自楓港搭車南下恆春，在橫越馬路時不幸發生車禍喪生。但值得慶幸的是，當時整個台灣文化界集體殷切期盼出現「新的陳達」效應卻正持續擴大發酵。影響所及，舉凡蘇來〈月琴〉（1980）、簡上仁〈唱著心內彼條歌〉（1982）、陳明章〈紅目達仔〉

就在陳達過世三年後，一九八四年三月十四日第兩百二十四期《時報雜誌》特別策劃了「陳達與羅大佑的第三類接觸」專題報導。文中，羅大佑透過訪談表示，陳達是真正的「民歌手」，並指稱「我和陳達比較相似的地方是，我們兩個的嗓子都不好，都是不好的『表演者』，只能算以『音樂為職業』」。（作者收藏翻拍）

（1990），乃至林生祥以客家搖滾民謠配上改造月琴演唱，其中皆蘊含著對陳達的濃濃追思和致敬之意，甚至當年刮起黑色旋風的搖滾歌手羅大佑也稱他為「台灣真正的傳奇」。

某種程度上，他們或多或少都曾經受到陳達的召喚或啟發，包括故事說唱的表演形式、傳統月琴的創新改造等。聆聽這些新創歌曲所傳達的濃烈情感與本土風味，毋寧也意味著各式新舊音樂文化的兼容並蓄，以及更趨向多元化的「新的陳達」豐沛創作生命開始蓬勃展現。

——（本文原刊於2021年11月22日《聯合報》「鳴人堂」專欄。）

18 參考徐麗紗、林良哲，2006，《恆春半島絕響──遊唱詩人陳達》，國立傳統藝術中心，頁81。

第十四章

鋼琴詩人的流放鄉愁—傅聰的時代跫音

一九七八年一月《音樂與音響》第五十五期封面人物：傅聰（作者收藏翻拍）

一九七四年六月《音樂與音響》第十二期封面人物：陳必先（作者收藏翻拍）

一九七七年八月《音樂與音響》第五十期封面人物：林懷民（作者收藏翻拍）

「什麼是傳統呢？我不知道；我只知道有時候是：古人的生命在你身上復活了。」[1]

——戴洪軒《狂人之血》

身為喜愛蒐藏台灣絕版舊雜誌的古典樂迷如我，特別欣賞上世紀七〇年代《音樂與音響》策畫一系列的音樂人物專題封面，包括早年開始在國際樂壇嶄露頭角的鋼琴家陳必先、雲門舞集草創初期的青年林懷民、骨子裡帶著濃厚書卷氣的鋼琴詩人傅聰等。攝影者似乎總能抓住他們表情流露過程中微妙的一瞬，神色飽滿、芳華正茂，舉止落落大方、自然而不做作，彷彿不經意散發一股充滿文化自信的時代底氣。

其中尤令我印象深刻的一冊封面人物，乃是當時約莫四十來歲的傅聰，正在倫敦自家書房琴室接受專訪。鏡頭底下的他一貫地氣定神閒，不彈琴的時候幾乎是煙斗不離手，或將身子深深地陷在沙發裡，同時專注於閱讀蕭邦的總譜，一副若有所思的樣子。

傅聰除了琴藝精湛，自幼即早在父親傅雷嚴格的家塾教育下遍覽群書，不僅通曉四書五經、唐詩宋詞，亦能熟知紅樓夢、莎士比亞等中外文

1 參考戴洪軒，2014，〈旗亭宴飲〉，《狂人之血》，台北：遠流出版社，頁 244。

學名著，並還兼習繪畫和寫詩。由於長期接受東西方文化的沁潤，讓傅聰早早有了跨文化的博雅（Liberal Arts）視野。當他演奏西方名曲時，總是能夠藉由援引中國古典文學情境式的象徵隱喻，來表達抒發音樂作品裡那些難以言說的情感意境。

譬如一九七〇年傅聰在香港應《純文學》月刊之邀談論西方音樂，便曾把貝多芬比作杜甫、舒伯特像陶淵明、莫札特則是李白（晚期的莫札特又像莊子）。至於蕭邦，完全就是李後主，緣於他倆思念故國的情感作品都是由血淚寫成的，也就是所謂的Nostalgic（懷舊的、鄉愁的）。在傅聰看來，好像每個作曲家都能跟中國傳統古典詩詞建立起某種微妙的關聯，信手拈來，皆成妙趣。

如是帶有詩人靈魂般寄情於物的豐富想像力，但隨興之所至、不拘一格，且兼備音樂造詣與文學才情的精神氣質，不禁令我想起已故的樂界鬼才戴洪軒。

流亡者的家庭悲劇，是中國近代史的集體縮影

每觸及傅聰的家世，具同理心者往往都會一陣難過。自從二十四歲那年（1958），身在波蘭的傅聰得知父親傅雷在國內被打成右派，為了逃離中共政治迫害，乃毅然做出了一個今日看來也是非常驚人的決定：他在痛苦迷茫中悄悄取得英國駐華沙領事館的簽證，獨自登上了去英國的班

機。在那個年代，傅聰的行為被視為「叛逃」。

及至一九六六年文革動盪伊始，傅雷與妻子朱梅馥當街被連續批鬥了四天三夜後，終究還是不堪遭受罰跪、戴高帽等各種淩辱，回到家中雙雙從容自縊。這對體貼善良的夫婦倆甚至還在地上鋪了棉胎，以防板凳被踢倒的聲音驚擾了鄰居睡眠。就連後續的房租、給保姆留下生活費、自己的火葬費等事宜，也都在遺書裡交代得清清楚楚。此時遠在英國的傅聰，直到數年後才得知父母雙亡。

根據一九七八年《音樂與音響》雜誌第五十五期登載一篇訪談報導，傅雷夫婦自殺的消息傳到英國，傅聰正在倫敦準備參加一場演奏會。當主辦人將那帶著惡訊的電報傳到傅聰手裡，讓他默默地看過那簡短的電文，便徵求傅聰的意見是否將演奏會就此結束。傅聰一臉木然無表情，他只有一個請求，將原訂的節目略加更改，他要彈蕭邦死前的作品，因為那是他父親生前所喜愛的，藉此抒發對亡父的追悼。演奏會如期舉行，並命名為「The Last Year of Chopin」[2]。

悼念那個時代許許多多中國家庭的悲劇，皆

2 參考謝宏中，1978年1月，〈我所認識的傅聰〉，《音樂與音響》NO.55，頁75-80。

在集體狂飆中國的巨浪下沈沒。早昔與傅聰命運相似的，亦有曾經職掌中央音樂學院首任院長、且於一九五五年波蘭首都華沙舉行第五屆蕭邦國際鋼琴比賽擔任大會評委的著名音樂家馬思聰。當年他在文革期間被紅衛兵勒令在地上爬行吃草，鋌而走險帶著心愛的小提琴經香港逃亡赴美國定居，有生之年都未再回到中國。

追求藝術的絕對自由與精神不朽

傅聰的一生流轉無常，卻始終離不開中國的情結糾葛。他年輕時不斷歷經政治迫害、骨肉分離、出走異鄉，此後大半輩子幾乎長居英國，卻沒料想即使逃到天涯海角，晚年（2020年底）最終仍躲不過從中國傳出的COVID-19所感染，住院兩周後即因引發呼吸衰竭而不幸逝世，不免感慨造化弄人。

誠如傅聰的多年摯友、前蘇聯（後來入籍冰島）鋼琴家阿胥肯納吉（Vladimír Ashkenazy）在接受中國國家大劇院專訪時（2010年）表示：「我不懷念我的國家」。這句話聽在傅聰心裡，他認為阿胥肯納吉只是不懷念史達林那個時代的政權統治，他的內心其實還是很愛俄國的。這番說詞，彷彿亦是反映出其自身處境的一種心理投射。

「我有很多精神上的，可以說是包袱也可以說是負擔」，傅聰強調：「因為我父親和我都是屬於五四的前後兩代，所以基本上我們的價值觀念、我們的經歷都很一致」[3]。

在那個風聲鶴唳的年代，天各一方的父子透過書信往來、其後摘編成《傅雷家書》潤澤了全世界華人幾代讀者。從一九五四年傅聰時九歲赴波蘭留學第一天，直到一九六六年臨近傅雷夫婦去世前，長達十二年的上百封信件裡，幾乎察覺不到當時外界大環境帶給他們的政治劫難與人身壓迫。

除了交代生活瑣事，父子倆交流更多的卻是心無纖塵地暢談藝術與人生。舉凡文學、音樂、繪畫、哲學、宗教、戀愛、教育等話題之外，更不忘時刻叮囑要如何應對西洋文化的食衣住行、服裝儀容和餐桌禮儀，字裡行間處處流露一名父親無微不至的關愛，並強調藝術本身的絕對自由，認為人活著就是為了追求一種精神不朽的理念價值。

有趣的是，雖然「家書」裡盡是呈現傅雷的慈父形象，但實際上在傅聰出國以前，性格剛烈的傅雷一向都是採取嚴厲近乎粗暴的體罰方式來管教兒子。傅聰後來回憶小時候練琴，邊彈奏邊偷看《水滸傳》，父親在樓上從琴聲察覺出異樣，下樓一聲暴吼，大發雷霆，「真像是書裡的黑旋風李逵大喝一聲那樣，嚇得人魂飛魄散」！

3 參考 2011 年周瑛琦訪談傅聰，中國國家大劇院專訪特輯。

故此《傅雷家書》開篇第一封信便是父親的自我懺悔：「孩子，我虐待了你，我永遠對不起你。人生做錯了一件事，良心就永遠不得安寧！真的，巴爾扎克說得好，有些罪過只能補贖，不能洗刷」[4]。

多年以後，幾乎所有接觸過傅聰其人其樂的廣大讀者聽眾們都要提到那部《傅雷家書》，傅聰卻說：「其實我很少去翻看，假如放在身邊偶然看到，我會去翻一翻，但每一次要看都太激動，整天就沒辦法工作了。因為太動感情了，所以不敢看」。

蕭邦好像我的命運，七十歲以後更愛海頓

傅聰年少成名，二十出頭即以彈奏蕭邦鋼琴協奏曲和瑪祖卡舞曲（Mazurka）蜚聲國際。之後更透過收音機廣播媒介，讓當時年逾八十的諾貝爾獎文學大師、德國作家赫曼・赫塞（Hermann Hesse）偶然聽到了傅聰演奏的蕭邦音樂。

赫塞覺得既興奮、又感動，認為這是上帝為他安排的一份禮物，讓他得以在離開人世前，等到他盼了一輩子的蕭邦鋼琴家。於是他隨即寫了一封〈致一位音樂家〉（An einen Musiker）的公開信，發表於一九六〇年四月八日《新蘇黎世報》（Neue Zürcher Zeitung），告訴他在歐洲文藝界的朋友們，一位名叫傅聰的中國鋼琴家竟然

把蕭邦彈活了！赫塞描述：「我所聽到的不僅是完美的演奏，而是真正的蕭邦。那是當年華沙及巴黎的蕭邦，海涅（Heinrich Heine）及年輕的李斯特（Franz Liszt）所處的巴黎。我可以感受到紫羅蘭的清香，馬略卡島（Mallorca）的甘霖，以及藝術沙龍的氣息。樂聲悠揚，高雅脫俗，音樂中韻律的微妙及活力的充盈，全都表現無遺。這真是一個奇跡。」[5]

信中，赫塞熱切表達了想與傅聰見面的念頭，但終究未能如願。兩年後，赫塞辭世。其後又過了十年之久，傅聰才首度得知這封公開信的存在，並為之深受感動，從此引赫塞為平生最大的知音。熱愛中國（東方）文化的赫塞甚至還在信末指出，聆聽傅聰演奏時「像是出自《莊子》或《今古奇觀》之中……就如古老中國的畫家一般，作畫時以毛筆揮灑自如，跡近吾人在極樂時刻所經歷的感覺。此時你心有所悟，自覺正進入一個瞭解宇宙真諦及生命意義的境界」。

當時（1958）的傅聰，正要從華沙音樂學院畢業，卻因迫於國內風雨欲來的危局形勢而出走英倫，此後整整二十年未再踏上故鄉中國的土地。這也讓他對於跟自己同樣遭受長年流亡在外

4 參考《傅雷家書》1954年1月18日晚，台北：聯合文學出版社，頁1。
5 參考2003年金聖華翻譯赫曼·赫塞〈致一位音樂家〉（An einen Musiker），原載於《愛樂》第12期。

的命運、內心懷有深沈無奈的悲哀與故國之情的蕭邦，產生了一種非比尋常的生命意義和藝術共鳴。談起蕭邦，便每易觸及傅聰的心靈深處。

每聽一次音樂，他的靈魂就會復活一次

在眾多蕭邦名曲當中，我私自偏愛傅聰彈奏蕭邦的升C小調夜曲。這首帶有纏綿蘊藉的憂鬱特質、宛如民歌般的簡短旋律（時長約3、4分鐘左右），過去曾經被著名猶太裔導演羅曼·波蘭斯基（Roman Polanski）挪用在電影《戰地琴人》（The Pianist，又譯《鋼琴師》）開場及結尾處。片中男主角史皮爾曼（Wladyslaw Szpilman）奏出的琴音延綿，一曲未竟，德軍的砲火襲來，自此揭開了流亡序幕。

按速度標記，此曲為富感情的緩板（Lento con gran espressione）。聆聽從傅聰指尖流淌的琴聲，幾乎就像是唱出來的，有一種純淨、質樸之美，亦如冰雪初融般訴說著他思念故去父母親人的心聲。樂曲前段只見一條平靜的河流緩緩流過，中段為情感奔湧而出，及至曲末餘韻悠長、哀而不傷。整首作品彷彿穿越時空的沉默，進入中國山水畫的意境，連樂句間的靜止和延續，都成為他音樂構圖裡的「留白」。

傅聰早年接受美國《時代週刊》訪問時，曾經表示：「蕭邦的作品就像我自己一樣……我彈蕭邦的音樂，就覺得好像自己很自然的在說自己的話」。中國傳統民間信仰裡有所謂「千手觀

音」的說法，傅聰相信，一個人如果真的喜歡音樂，不管是欣賞或是演奏，他會有一千個心，或者一千個靈魂，「每聽一次音樂，他的靈魂就復活一次。」6

在傅聰生前灌錄過不少的唱片錄音當中，我有幸珍藏著這麼幾張經典之作。一是一九九二年SONY唱片公司出版的一套雙CD《蕭邦夜曲全集》，另一是香港雨果唱片公司在他六十歲時（1994）錄製的《德布西前奏曲及練習曲全集》。前者的音樂就像珠玉般晶瑩剔透，婉轉如歌的旋律幽幽悒悒、扣人心弦；後者的德布西演奏簡直就是一幅幅深具東方韻味的中國文人畫，聽聞耄耋之年的傅聰將之揮灑得行雲流水、含而不露，彷彿出入無我之境，處處皆山水。

演奏時要少一點 Rhetoric（修辭），更多一點 Sincerely（真誠）

拜現今數位科技網路媒介發達之所賜，不久前我在 YouTube 影音平台上赫然發現竟有一段極為精彩生動、傅聰晚年（2010 年左右）指導中國青年鋼琴家盛原彈奏蕭二十四首前奏曲的「大

6 參考尤牧，1975 年 11 月，〈在倫敦訪傅聰〉，《音樂與音響》NO.29，頁 29-34。

師班」（Master Class）教學影像紀錄。

影片起始，傅聰即以文學詩歌為喻，時而對著樂譜上的小節劃分節奏，將其樂句看成是一行行的詩句，「要注意樂句之間的轉折，像是讀詩一樣，然後在這個地方要透一口氣」，時而兼以手勢帶動旋律搖擺身軀，情不自禁地伴隨著口中吟哦哼唱。尤其當他接連侃侃而談，每說到曲中高潮迭起、意韻最為精妙之處，甚至還會整個手舞足蹈起來，興奮愉快的表情躍然臉上，一副欲罷不能的樣子。

傅聰認為，這二十四首前奏曲包羅萬象，每一首和底下一首之間都有微妙的聯繫，在蕭邦作品裡可說是空前絕後、最具宇宙性的悲壯至美、也是最偉大的經典之作。整套曲集都是關於死亡與生命的思考，譬如在第二首曲子傅聰即以古希臘神話中特洛伊公主卡珊德拉（Cassandra）預知死亡的故事為例，藉此展現音樂本身好像要把整個命運凍結起來，同時又有一種悲天憫人的情懷。

綜觀此組樂曲全貌如萬花筒般千變萬化，有時傾吐內心的淒風苦雨（第八首），交織於外界命運的風暴當中，抑或像是在半夜裡做惡夢，曲子結束在最強音嘎然而止（第十二首），不知自己到底是在夢裡還是醒著？有時則強調左手跟右手兩邊在和聲上的彼此牽扯掙扎（第九首），傅聰形容像是張天師在作法，看上去披頭散髮的樣貌，眼裡還散發著有如鬼神般的光芒，惶惶不可終日。傅聰指出，這首曲子的妙處就在於不能夠Sane（清醒），一清醒就操兵（機械化），所以一定要是在迷魂陣裡，那真是需要慢慢琢磨。

至於蕭邦前奏曲中最著名、演奏時間最長的第十五首〈雨滴〉，傅聰表示前半部要以Sostenuto（飽滿持續）的節奏連綿不斷、一氣呵成，結尾主題要像大病初癒的感覺。到了後半部則是烏雲壓頂、最恐怖的暴風雨來臨，造物主似乎沒有一絲憐憫，簡直要把整個世界摧殘。傅聰描述此一情境：「就好比黃賓虹最黑的黑畫，真的是浮士德下地獄啊！」

課堂中，傅聰最喜歡問學生的一句話就是：「你說說看，這段音樂是在表達什麼」？待學生簡述後，他便透過各種詩意聯想，在鍵盤上打開了你所有想像的空間。「你在這裡要少一點的Rhetoric（修辭，華而不實之意），更加多一點的Sincerely（真摯地，誠懇地）。」

傅聰不忘叮囑：「有時寧可錯一兩個音，就像大鋼琴家柯爾托（Alfred Cortot）偶爾也會彈錯，卻仍真實感人」。如果你的琴聲很純潔地發自內心，就會天然有一種感染力。隨後，當學生按照傅聰的詮釋方式重新演奏，從而更加貼切地掌握了曲中的精髓要旨，這時在一旁的傅聰也忍不住激昂地大讚「好極了」「對，就是這樣才能連貫下去！」那一刻，彷彿似有一股優雅與熱情噴湧而出。作為業餘欣賞者，聽了這堂課亦有茅塞頓開之感。

故友重逢：少年情未減，世事幾浮沉

幼承庭訓的傅聰，一輩子都牢牢謹記當年父親傅雷的臨別贈言：「做人第一，其次才是做藝術家，再其次才是做音樂家，最後才是做鋼琴家」。此處所謂「做人」，泛指教育當以培養人格品性的基本精神價值為主，知識與技術的傳授為其次。即以音樂教育而論，也絕不能僅僅注重音樂一門，而是需要廣泛涉獵文學、哲學、宗教、繪畫藝術等全面性的博雅修養（Liberal Arts）為基礎。

由於傅雷精通美術理論，早年一度嘗試讓傅聰拜師習畫。他的好友黃賓虹、劉海粟、王濟遠等畫壇巨匠都曾為傅聰指點丹青，彼時人稱「大鬍子」的國畫大師張大千亦與住在上海的傅雷一家互有往來，還曾以畫作題贈給自小就有音樂天分的「小男孩」傅聰。但因傅聰對學畫並無興趣，慢慢地傅雷也放棄了讓他學畫的打算。

沒成想，幾十年一晃而過，昔日風采不減的「大鬍子」終究是老了，「小男孩」則已長大成為聞名國際的鋼琴大家。幼年時接受父執輩的藝術薰陶，如春雨潤物般滋養著傅聰的內心，使他孕育出深厚的學養及廣博的視野。

一九八二年新象邀請傅聰首度來台演出，趁著演出之外的閒暇，傅聰抽空去逛了故宮博物院，並去了一趟溪頭小住一晚，在當地洗了幾次三溫暖而得以舒暢身心的體驗，尤令他印象深刻。隨之，就在五月二十三日這天上午，四十八

一九八二年六月《音樂與音響》第一百零八期封面人物：傅聰拜訪張大千。（作者收藏翻拍）

歲的鋼琴家前往台北外雙溪的「摩耶精舍」，專程拜會當年和他父親有著世交情誼的八十四歲老前輩張大千。

雙方再度相見，掩不住重逢的喜悅。「這天他穿著深紫色的襯衫，淺紫色的褲子……他一逕和氣而溫文的笑著，一派斯文完全是中國書生的味道，絲毫看不出曾經拒記者於千里之外的那股執拗勁兒」，根據藝術史學者、早年曾任張大千私人秘書的馮幼衡的現場記述：「一老一少不拘形跡的談著改良國劇、敦煌藝術、古畫鑑賞，大部分時間都是鄉音不改的大千居士，以濃重的川腔在『擺龍門陣』；而傅聰則滿懷興味的靜靜聆聽。」[7]

寒暄閒話家常之餘，彼此還在家園中散步聊天合影留念。然而，由於傅聰行色匆匆，張大千表示，下次到時，一定準備大風堂的盛宴好好待客。不過，傅聰還是嚐到了「摩耶精舍」的名菜「東坡肉」。

知識分子應該永遠走在時代前面

一九八二年傅聰來台開演奏會，樂評人張繼高對他的歡迎文章裡這樣寫著：「傅聰不僅僅是一位鋼琴家而已，他是典型的有詩人內涵的中國知識份子，他了解西方並認識西方的長處和短處……鋼琴只是他用來述說的另一種語言」[8]。

古往今來，歷史上那些偉大的哲學家、思想家、文學家以及藝術家，莫不都具有某些共通特質，諸如「透過現象看本質」的能力、能看穿人的心思、洞察人性的善美與醜惡，甚至不乏有著豐富的社會閱歷，抑或接受過嚴厲的人性考驗，故而能把人性看得很透徹，也經得起人生的風風雨雨，扛得住一些大風大浪。

傅聰即是像這樣的一位傑出音樂家，更是一名思想深刻的公共知識份子。當年《傅雷家書》出版，在北京有人談起這部書來，傅聰曾感喟地說：「知識份子應該像鳥，風雨欲來，鳥第一個感覺受到，知識份子是最敏銳的，應該永遠走在時代的前面。」9

針對西方古典樂曲的各家經典，傅聰的解讀是如此獨闢蹊徑，卻又如此任性不拘。而他對於現實政治、歷史、社會、文化，乃至人性的種種觀察，同樣也正如他的音樂那般既深刻又動容，並且思維開闊、判斷準確。根據香港著名樂評人周凡夫在《傅聰組曲》一書透露，傅聰與熟悉的朋友私下相聚，往往談得最多的並不是音樂，而

7 參考馮幼衡，1983，〈丹青．琴韻．故人情—傅聰於摩耶精舍見張大千〉，《形象之外—張大千的生活與藝術》，台北：九歌出版社，頁 139-147。
8 參考吳心柳，1978 年 1 月，〈知音人語〉，《音樂與音響》NO.55，頁 26-27。
9 參考吳心柳，1978 年 1 月，〈知音人語〉，《音樂與音響》NO.55，頁 26-27。

是家國大事、人文情懷。

文革結束後，傅雷夫妻於一九七九年得到平反。自從上世紀八〇年代起，傅聰幾乎每年都會前往中國舉辦演出，更在北京及自己的母校上海音樂學院，為有天份的年輕音樂學生開設鋼琴大師班。彼時在中國教授音樂的傅聰便已敏銳觀察到，當下「中國人民變得著重物質、自私、損人利己、精神面貌不振。彷彿不再對生活抱有任何目標和理想」[10]。

及至一九八九年四、五月間爆發的學運，到六四的屠殺，更對傅聰精神上帶來前所未有的衝擊，連續幾個月都很難好好睡覺。當時傅聰內心顯然對六四事件滿懷激情，以致於日後更從中得出了一些深刻的體會，他指出「共產黨幾十年來謊話說盡，弄的就是指白為黑這一套。人人都將白的說成是黑的，只要有人說，似乎不是黑嘛？還不是說是白的就不成了，那就要威脅到他們了，就要引起鬥爭了，所以共產黨不可能有新聞自由，他們都怕得要死」，又強調「共產黨是世間上最大的黑幫，現時還沒有人可以打倒他，看來只有共產黨才可以推翻共產黨」[11]。

當年這場學運，曾讓傅聰對中國人重拾信心，卻也因為「六四」，反過來令他對中共再次失望。其後，又過了三十一年（2020），就在傅聰感染疫病辭世後不久，臉書社群網路一度瘋傳一九九二年傅聰在香港接受《開放雜誌》主編金鐘專訪文章，內容不僅披露了昔日出走英國的前因後果，還無拘無束地暢談近代中國政治與歷史現狀。

他沉痛地指出：「將來的中國會是毛澤東紅衛兵的無法無天主義與資本主義最腐敗成份混合的怪胎。這樣的資本主義中國，我不敢樂觀」，同時也透露了自己對西方資本主義氾濫的憂慮，精準地道出當今中共極權專制模式逐步滲透、威脅西方民主價值的時代困境，讓許多網友紛紛驚呼「神預言」！簡直就像是從三十年前穿越而來的先知。

說穿了，歷史本身就在不停地輪迴，只不過是當局者迷罷了。傅老爺子這回走得突然，倒也不用再看見這世道的種種苦難與醜惡。是幸，還是不幸？後人實難料斷。我赫然想起在一次訪談中，曾有人問傅聰下輩子是否還做音樂家？傅聰回答頗耐人尋味，他說：「我不希望再有下輩子。」[12]

（本文原刊於2021年1月14日《聯合報》「鳴人堂」專欄。）

10 參考1989年9月〈傅聰：我為中國哭泣〉（Fou Tsong: I wept for China），英國刊物《查禁目錄》（Index on Censorship）專題訪問。

11 參考周凡夫，1989年10月，〈傅聰不談音樂〉，收錄於1990年大呂出版社《傅聰組曲》，頁99-105。

12 參考侯惠芳，1982年6月，〈一位記者筆下的傅聰〉，《音樂與音響》NO.108，頁44-50。

第十五章

白色恐怖陰影下的民間學者李哲洋

二〇二〇年十一月，我在北藝大參與了一場由該校方和國立傳統藝術中心台灣音樂館共同舉辦之「聽見台灣土地的聲音——李哲洋先生逝世三十周年紀念活動」研討會（2020/11/28），內容主要包括開幕音樂會、午後論壇，以及在圖書館四樓舉辦「知識的火苗」李哲洋文物紀念展。

該活動一開場，藉由李哲洋（1934-1990）生前收藏高約拿（1917-1948）譜寫於一九四七年的交響詩《夏天鄉村的黃昏》作曲手稿，經過多年後的今日，得以透過樂譜重建並進行現場首演，別具歷史意義。而在下午的論壇講座當中，主辦單位特別找來音樂學界以外的資深作家雷驤、人類學暨民族音樂學者明立國等，分別回憶暢談他們當年印象中的李哲洋生平諸事，至今猶仍感懷不已。

惟令人覺得遺憾與失望的是，該校圖書館展出的靜態文物展實在太過單調、薄弱，放眼整個展場空間，僅有兩組頗為陽春的摺疊看板、兩張小型的平台玻璃櫃。對比當年李哲洋家屬捐贈給北藝大總數約六千多件、共計七十大箱的珍貴資料，包括賽夏族音樂調查圖錄、《台灣音樂誌》、《台灣音樂詞典》等研究手稿及民歌採集相關文獻，過去交由校方保管了三十年之久，這次難得透過公開展覽的機會，首度整理陳列出來的老照片文物居然全部不到十件左右，很明顯讓人感受其虛應故事的策展心態。

類似這般情況，或許早從二〇二〇年初有媒體報導北藝大針對這批文物的保存狀況不佳，以至於外界無法善加利用的新聞事件當中即已可見端倪。

日文翻譯書刊的啟蒙

對於我這一代（六年級生），甚至許多更早一輩熱愛古典音樂的資深讀者而言，提及「李哲洋」這個名字所帶來的思想啟蒙與影響力，毋寧是相當巨大的。

當年由張紫樹（「全音樂譜出版社」社長）出資籌辦、簡明仁擔任社長、張邦彥掛名發行人兼主編（因他擁有大學學歷），實際編務工作皆由李哲洋一手包辦的《全音音樂文摘》（自1971年12月創刊，至1990年1月停刊，中間曾

約莫一九八〇年代，李哲洋編譯日本音樂之友社《名曲解說全集》時的書房照片，背後可見編輯進度表，以及其他的譯稿用牛皮紙袋裝。（李立劭提供）。

停刊數次，共計發行133期），曾經是我高中時代初次接觸古典音樂最重要的入門刊物。

那時的我幾乎是如飢似渴地從母校（師大附中）圖書館借來每一期李哲洋編譯引介各國作曲家與不同地域樂種的雜誌專題，同時也大量閱讀他早年從日文翻譯的《巴托克傳》、《馬勒傳》、《貝多芬傳》、菅原明朗《樂器圖解》、志文出版社《西洋音樂故事》、日本音樂之友社《名曲解說全集》等相關著作，伴隨著我度過了昔日苦悶的青春期。

日治時期在台中州彰化郡出生，李哲洋自幼接受「公學校」的日語普及教育，且因父親在鐵路局任職之故而經常搬家轉學。及至戰後初期，開始聽聞鄉下地方的歌仔戲、採茶戲，後來又在學校接觸鋼琴，相繼為之著迷。中學畢業後，不顧家人反對下報考音樂科，並以試唱滿分的成績進入台北師範專科學校（今國立台北教育大學）就讀。

在白色恐怖陰影下，一生背負理想和信念的民間自由學者

一切悲劇的起點源自一九五〇年，李哲洋的父親李漢湖時任台鐵台北機務段調度員，由於他把圖書室的鑰匙借給別人開讀書會，沒想到卻遭指控涉入「明朗俱樂部」匪諜案，結果竟以「共黨外圍組織」罪名被槍決。

身為家中長子的李哲洋當時只有十六歲，

便與改嫁的母親及同學三人雇了三輪車為父親收屍。當他被傳喚去認領父親的遺體時，「見父親上顎緊咬下唇的痛苦的臉顏，十指皆為刑訊穿孔潰爛，是失蹤三個月的最後會面。匆匆中，有經驗的火葬場職工問：家屬是否願意留下這件胸襟有彈孔的外衣作為紀念？被稚幼的他所拒……」[1]。素以散文寫作著稱、後來成為李哲洋妹夫的作家摯友雷驤，在〈告別音樂會—白色青年李哲洋紀念〉一文寫下了這段沉痛的見證。

六十五年後（2015），李漢湖的外孫女，同時也是李哲洋的姪女、雷驤的女兒——歌手雷光夏，復以她當年未曾謀面，卻遭白色恐怖迫害致死的外祖父為主題，創作了一首細膩而深沉的歌曲〈明朗俱樂部〉，歌詞內容是這樣唱的：

飛行的準備　摧毀了一切／書籍的照片散落窗邊
他高高站起　翅膀在拍擊／臉上是溫柔道別的表情
在那個夏天　我曾和他去港邊／仔細的凝望那離岸的浪花轉變
早一秒看見　誰又能避開危險／時間的咒語

1 參考雷驤，1993，〈告別音樂會．白色青年李哲洋紀念〉，《悲情布拉姆斯》，台北：麥田出版社，頁 145-154。

是否真將一切都改變
我看著他飛　那昨日青年／如今霧散去　航
線是晴天

入讀北師的第二年（1951），受到父親案件的影響，有一次遇到校慶督學來校視察同學伙食，偶然間走到李哲洋旁邊說吃得不錯，李回說因為你們來才有這樣的菜色，令校方感到無顏而遭退學，此後亦被列入有關單位監控的黑名單裡。隨之獨自撐起家計，撫養三位弟妹的他陸續當過書店店員、台肥公司製圖員，入伍服役時以同等學力的資格考取初中音樂教師，退伍後（1962）執教於基隆第三初中音樂教員。

然而，由於背負著「匪諜」家屬的身分，使得當時的李哲洋不僅每學期教書都需要找別人擔保，而且每個禮拜也都會有警察特別來家裡調查戶口。在妻子林絲緞的回憶印象中，早年如果遇到雙十節日，甚至還會有兩三個特務人員半夜過來敲門，好像抄家似地在家裡的書房到處亂翻，彼時處於黑暗中感到無助的李哲洋，只能緊張地坐在椅子上發抖。

後來他下定決心要出國進修，正打算拋開一切，負笈日本鑽研音樂，為了準備學費甚至連房子都賣了，沒想到有關單位卻直接以「免議」為由駁回他的出國申請，自此未踏出國門一步。

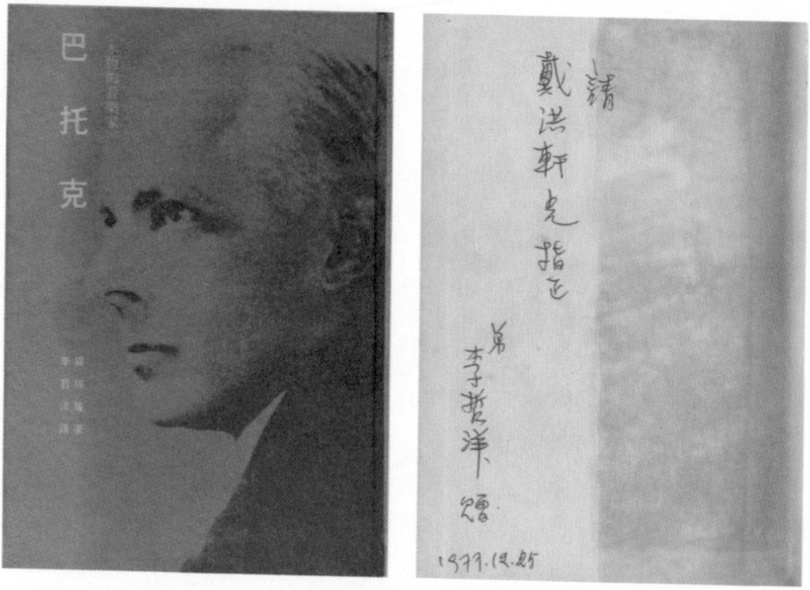

一九七七年李哲洋簽贈給好友戴洪軒的《巴托克》翻譯傳記。（作者收藏翻拍）

為什麼民歌採集運動低估了李哲洋？

儘管在求知求學的路上屢遭坎坷，李哲洋對於音樂的深愛卻仍矢志不移，並將平日省下來的錢幾乎都拿去購買音樂學、人類學、社會學、心理學、舞蹈、戲劇、文學等各類書籍（特別是大量的日文書）閉門苦讀，透過自學的方式土法煉鋼、深入堂奧。日後，他不僅是台灣早期大量譯介古典音樂相關書籍刊物的重要推手，獨力編撰《全音音樂文摘》長達十九年，更是參與一九六〇年代民歌採集運動的第一波先行者。

大約數年前（2014年左右），我在台北某家二手書店偶然購得了一本由李哲洋翻譯、一九七一年「全音樂譜出版社」發行的匈牙利音樂家《巴托克》（Béla Bartók）傳記，而在書名頁上還有李哲洋當年簽贈給已故作曲家好友戴洪軒（1942-1994）的簽名題字！當時，我便特別注意到李哲洋在此書篇章的最末尾處，寫下了這樣一段意味深長的〈譯者後記〉：

「當我譯到第二章的時候，時時擱筆陷入沉思，尤其每當回憶到數年前，跟劉五男君一起在東部做地毯式的民歌錄音之情景，這趟差一天就一個月的工作，雖然我們原先都決心做他一輩子，結果由於圈內人的猜忌與其他因素，就此告一段落。此前此後雖然自己也零零星星以自費繼續進行這樁工作，奈何身為一個小教員，也只能再以業餘的身分零星地做下去，哪年哪月才能夠把研究成績公佈，想到這裡實在寒心……」

彷彿心有靈犀，就在二〇二〇年北藝大學辦「李哲洋先生逝世三十周年紀念活動」論壇講座上，受邀擔綱其中一場主講人的資深作家雷驤，恰巧也帶上了這本李哲洋翻譯的《巴托克》傳記，且一開場就朗讀了同樣這個段落。

按文中所言，乃指一九六七年七月間由史惟亮、許常惠共同發起，在救國團以暑期育樂活動為名目的經費補助下，兩人分別率領東、西兩支「民歌採集隊」從北到南，浩浩蕩蕩地展開了一場名為「民歌採集運動」的尋根之旅。在為期一個月的調查期間，他們背著簡單的行囊，扛著沉重的盤帶錄音機，深入各地偏僻的村莊小鎮、高山部落，只為了搶救並記錄當時已然迅速流失的民間音樂與歌謠文化。

「留歐派」與「知日派」的學術路線之爭

此處值得深思的是，表面上，這場由史、許二人帶頭的「民歌採集運動」背後，並非只是單純的田野調查學術研究，而是高舉巴托克（Béla Bartók）採集民間音樂作為創作素材的「音樂民族主義（Musical Nationalism）」大旗，且帶有濃厚國族意識、以音樂為政治服務的組織行動，一如贊助該活動資金的企業家范寄韻[2]在自印《重建「中國民族音樂」》手冊裡宣稱：響應當時國民黨政府推展「中華文化復興運動」（1967年）的號召，並藉此挖掘、整理和發揚「中國民族音樂的文化遺產」。

2 關於「民歌採集運動」最初的醞釀和草創構想，一開始乃是由民間企業家范寄韻所提議，李哲洋後來（1976年）在《全音音樂文摘》第五卷第一期發表〈漫談黑澤隆朝與台灣山胞的音樂——研究台灣山胞音樂的第一塊穩固的踏腳石〉這篇文末註腳裡對於整個過程做了簡明扼要的交代：「『中國民間音樂研究中心』於民國56年間（1967），因范寄韻先生讀了劉五男老師刊登在《現代雜誌》上的一篇文章，而向劉老師提議發動研究中國民間音樂，劉老師於是找上了許常惠教授，許教授又去找史惟亮教授合作，史教授便找上筆者，結果由以上五人創辦。創辦當初，言明筆者與劉五男老師負責田野工作，其餘三人負責行政與研究室工作，研究室另聘有若干工作人員」。

回溯一九八〇年代晚期曾經擔任李哲洋研究助理的學者范揚坤，在二〇一三年交通大學「亞太／文化研究室」舉辦「草原民歌」座談會上發表有關「民歌採集運動」的回憶證言：當年由於錄音設備笨重、可供使用的錄音盤帶數量有限，對「民歌採集」抱持有某種「潔癖」觀念的史惟亮強調應該儘量篩選最具「原真性」（Authenticity）、「純粹」（Pure）的、不受近代流行音樂所「汙染」的原住民歌曲來進行搶救保存工作。但是李哲洋卻不認同這種說法，他認為記錄這類經過現代文明影響的「混種」歌曲，恰恰明證原住民歌謠文化的時代變遷。為此，李哲洋選擇退出主流學界舞台，僅憑一己之力默默付出。

無獨有偶，當年和李哲洋同樣遭到主流學界排擠的，亦有早從一九六六年（七月至九月）便開始獨自進行漢人傳統音樂與高山族音樂田野調查工作，赴日攻讀東京大學民族音樂學博士（師從岸邊成雄與小泉文夫）的呂炳川。

在個性上，李哲洋與呂炳川皆屬於那種埋頭苦幹、默默耕耘的類型，其知識取徑主要也都是透過日語來學習、吸收，並深受日本民族誌、文化人類學田野調查的學術傳統所影響，強調「有一分證據，講一分話」的基本態度，同時重視錄音、攝影器材和技術的專精。李、呂兩人皆傾向主張學術研究並非創作的附庸，本身即有著獨立而重要的價值。這樣的理念與作風，毋寧與當時主導媒體議題方向且擅長交際手腕、同為留學歐洲的樂壇大老史惟亮和許常惠，總是顯得格格不入。

登山與音樂，皆為一種精神寄託

除了畢生痴迷於音樂及繪畫藝術，李哲洋早年也很熱愛登山活動，且還不是一般在低海拔地區較為輕鬆的「健行」（Hiking），而是稍具難度、挑戰高海拔的「技術登山」（Mountaineering）。

根據一九六三年八月七日《台灣新生報》一則報導記載，當時李哲洋參加了救國團舉辦的高山暑訓活動，訓練內容包括貓椿攀岩、結繩爬山、單繩吊橋等，並被選拔擔任「登山技術隊」小隊長。翌年（1964）暑假，李哲洋又接連參與救國團在台中谷關舉辦「登山特技隊」培訓，完成高難度的攀岩訓練。從遺孀林絲緞與作曲家友人徐松榮的口述回憶得知，大約從這時起（1963年左右），李哲洋便開始獨自進入山地原住民部落（有時跟徐松榮同行），順便也會帶一些米酒和毛衣過去，與他們喝酒搏感情之餘逐漸搜集一些音樂素材。

對李哲洋來說，彼時勤跑登山的重要性完全不下於音樂，同樣都必須紮實付出努力，才有辦法抵達想去的地方，而這並不只是一種單純的精神寄託。平日他不時也會從台北萬華的二手市場，購買許多美軍留下來的睡袋、雪衣、登山鞋等各式野外露營求生用具。在他長年承受白色恐

一九六三年李哲洋參加救國團「高山暑訓活動」並擔任「登山技術隊」小隊長的剪報留影。（李立劭提供）

一九六四年李哲洋參與救國團在台中谷關舉辦「登山特技隊」培訓，完成高難度的攀岩訓練。（李立劭提供）

怖監控壓力，導致內心恐懼的潛意識當中，似乎早已做好打算，萬一被警總通緝，就有可能隨時準備要逃亡到深山裡躲藏起來。

回顧早年台灣仍處於戒嚴時期，國民黨政府考量到山地情況難以掌握，為了防止共產勢力滲透，或是流亡到山上組織游擊隊，便嚴格採取「封山」政策禁止平地人進入山區活動，限縮外籍人士只能攀登玉山和雪山，而本國人民只有從事電力、水力、林務、礦業、公務員、軍警憲或享有特權者，方有機會進入山區。關於登山團體，則僅有山岳協會、救國團這類特許組織才可以從事登山活動。

正由於李哲洋擁有特殊的登山訓練背景，也很熟悉通往原住民部落的山路地形，除了民族音樂學的專業素養，本身又精通日語、客家話及台語，可以跟山地部落的耆老溝通，因此後來才被史惟亮找上，先於一九六六年一月（帶路）陪同史惟亮與德籍學者 W. Spiegel 博士前往花蓮縣吉安鄉的田浦村、東富村和豐濱村等地進行為期五天的勘測活動，採集了一百多首原住民歌謠。

同年四月、十一月，又分別與侯俊慶、劉五男前往新竹縣五峰鄉採錄賽夏族矮靈祭歌曲。隨後更於一九六七年五月下旬正式加入「民歌採集運動」初期團隊當中，與劉五男兩人擔任錄音採集工作，共花費一個月時間，陸續調查台東、花蓮的阿美族三十多個村莊，以及台東地區卑南族和排灣族的音樂。

及至一九六七年七月，在救國團與民間企業

一九六六年李哲洋在五峰鄉賽夏族進行民歌採集錄音。（李立劭提供）

家范寄韻的資助下，由於有了國民黨青年軍出身（中日戰爭時期曾參與國民黨「東北黨務專員」進行地下抗日工作，到了戰後又加入「中國青年反共救國團」）、黨政關係良好的留歐學者史惟亮坐鎮，再加上擁有留法背景、深諳媒體議題操作的本省仕紳菁英許常惠，兩人共同帶頭展開大規模密集的「民歌採集運動」，透過報紙媒體的大幅報導，可說是達到了前所未有受到大眾矚目的聲量高峰。

流動的盛宴，李哲洋家的客廳沙龍

彼時「民歌採集運動」一路浩浩蕩蕩走入田野，諸位成員各自分頭採集回來的錄音聽寫記譜與整理工作，全都是在李哲洋早年位在敦化北路的住家中進行，據說最忙碌的時候，幾乎整個客廳連廚房都擠滿了前來幫忙採譜、熬夜整理資料的學生多達十幾人，其中還包括當年仍就讀藝專的戴洪軒、馬水龍[3]，而另外負責統整相關行政事務並存放錄音資料的「中國青年音樂圖書館」（「台北學苑」舊址），就位在鄰近李哲洋家隔壁不遠處。

這段期間，李哲洋每每以自家當作民歌採集工作室，並協助繪製山地部落的路線地圖，致使平常出入家門的青年學生、知交好友為數眾多，有些比較熟識者，甚至還會直接在家中過夜。隔年（1968）李哲洋為了申請去日本念書（後來卻以「免議」為由被駁回）而把敦化北路的房子賣掉，隨即來到永和中興街租了一幢空間更大的和式洋房賃居，這裡不僅有著足可充作妻子林絲緞從事舞蹈教學的大客廳與大教室，客廳裡有壁爐，還包含了四間客房，外面甚至更有種植幾株大樹、能夠在旁邊搭帳棚玩耍、樹上還掛著鞦韆的寬闊庭院。此後，吸引前來登門拜訪的各路友人和音樂界同好也就更加絡繹不絕了。

在那個大環境充滿政治高壓和肅殺氛圍、禁

3 早年馬水龍在台肥廠做製練習生時認識了李哲洋，在其介紹下跟隨江明德習畫，並對音樂發生興趣，當時就讀北師音樂科的李哲洋還曾教導馬水龍基礎樂理，並鼓勵他考藝專音樂科。

一九七〇年代李哲洋在永和竹林路的住家客廳與民族音樂學者呂炳川等多位好友彼此經常喝酒聊天、談音論樂。（李立劭提供）

早年李哲洋的家中客廳常有藝文界朋友登門拜訪，相互交流情誼、高朋滿座，氣氛熱鬧無比。照片人物由左至右依序為：呂炳川、張邦彥、戴洪軒、楊識宏。（李立劭提供）

忌而苦悶的時代，李哲洋遷居至永和的住家客廳（先是婚後1969年搬遷到中興街租洋房，後來又於1976年搬到竹林路公寓租屋）簡直就像是個小沙龍，彼時經常來訪者，主要包括雷驤、戴洪軒、張邦彥、徐松榮、林崇漢、郭芝苑，畫家楊識宏、呂晴夫，還有小說家七等生、民族音樂學者呂炳川等，甚至還有他們各自帶來藝文界的朋友和家眷妻小。彷彿來到波西米亞族的流浪者之家，大家彼此氣味相投，偶爾也會吵吵鬧鬧。男人喝酒、聊天、聽音樂、抬槓，太太們忙著下廚做羹湯，孩子們則是在院子裡搭帳棚玩耍。

他們相互經常談文論藝、直紓一己志向和性情，乃至追問台灣藝文探索的新路，或是聽李哲洋講音樂，談史特拉汶斯基（Igor Stravinsky）的春之祭、巴哈十二平均律、荀伯格（Arnold Schoenberg）的無調性表現主義……，有時一聊就是數夜通宵，聊到家裡食物都吃完了，就煮一鍋稀飯攪糖裹腹。

在很長一段時日裡，原本住在苗栗頭份的作曲家老友徐松榮每周末都會北上，一方面藉此購買樂譜和唱片來充實自我，一方面順道去找李哲洋談音論樂，兩人經常聊到徹夜不眠，夜晚就住宿李哲洋家裡，多年的情誼未曾稍減。

此外，樂評家好友戴洪軒、高肖梅夫婦早年因為就住在中和南勢角，離李哲洋住家頗近，更是彼此交遊往來密切。在女主人林絲緞的印象中，個性浪漫且有著豐富想像力的戴洪軒平日總是手不離酒，經常拎著酒瓶一路走一路喝，儼然

李哲洋在永和家中書房，這裡同時也是《全音音樂文摘》編籍部。照片攝於一九七〇年代末期。（李立劭提供）

即是「煮酒成文」、「飲酒論樂」的性情中人。

反思主流體制下的「民歌採集」

猶記得大概半年前左右，我在友人王信凱開設的「古殿音樂喫茶」巧遇台灣文史前輩作家莊永明，當時我們與莊老偶然聊到了台灣早期音樂界關於江文也、郭芝苑、李哲洋、陳達、許常惠等諸多往事回憶，莊老還特別說起當時他跟李哲洋之間曾經有過一段時期密切的書信往返，因此希望有朝一日能有機會到北藝大尋找看看、重溫當年他跟李哲洋的這些通信內容，或許將會成為一份影響未來台灣歷史研究相當重要的出土史料。沒想到才過了不久，竟傳來他遠行辭世的消息。

德國社會學家馬克斯・韋伯（Max Weber）指出，一個人的行為往往受到社會階級結構所限制，同時在此結構中的權力關係，包括影響力（influence）及權威（authority），將成為一種宰制和壓迫的力量，影響知識的選擇和分配。換言之，只要權力結構本身不被打破，既有的宰制和壓迫也會一直存在。

二〇一〇年「國立台灣傳統藝術總處籌備處」出版發行《重返部落、原音再現——許常惠教授歷史錄音經典曲選（一）花蓮縣阿美族音樂篇》，將五十多年前先行參與調查卻又很快退出「暑期民歌採集隊」的李哲洋、劉五男，當年踏查花東地區原住民部落所作的田野錄音資料，重

二〇一〇年「國立台灣傳統藝術總處籌備處」出版發行《重返部落、原音再現—許常惠教授歷史錄音經典曲選（一）花蓮縣阿美族音樂篇》一書，書名與封面照片很明顯帶有強烈誤導，並與內文標示真正的錄音採集者完全不符。（作者收藏翻拍）

新予以數位化處理並且公開發表。

令人感到相當荒謬及誤導的是，端從書名「許常惠教授歷史錄音」以及內文清一色放置大篇幅許常惠的訪談照片來看，相對於書中每首歌曲標示的採集者名字簡直就像螞蟻般細小，很明顯讓讀者誤以為書中的田野錄音皆為許常惠親自所做，實際上全部都是李哲洋和另一名夥伴劉五男的採集成果。

更耐人尋味的是，當初由史惟亮、許常惠兩人共同發起這場以「關懷鄉土，搶救文化」為號召，規模聲勢空前浩大的「民歌採集運動」，經過外界媒體一陣熱烈關注與報導過後，原初的激情逐漸消褪，而最終檢視其研究（採集）成果卻是象徵意義大於實質，行事有始無終。

對此，作家潘罡早已透過報章媒體提出批判。由於許常惠並非民族音樂學出身（原主修小提琴兼習作曲），加上他「生性浪漫隨興」，因此他所進行的錄音「往往忽略了一些基本動作，像是沒有擬妥計畫，有時錄音也忘了『報目』。這些錄音帶擱置了幾十年，有些封面和文字記錄已消褪無蹤」[4]。

除此之外，早年參與民歌採集而被迫中途退出的李哲洋，也曾提出一些自我反省：「我們若要確實瞭解一個民族或一個地區的音樂，必須要有豐富的材料，再作深入的研究，而這項工作卻需要龐大的經費和長期的工作。如果大家都像玩票性的筆者，僅憑手頭極為有限的資料來論述，則難免導致錯誤的論斷」[5]。

跳脫既有的框架，重建多元的台灣音樂史觀

對照早年隻身負笈日本東京大學深造、修習民族音樂學的呂炳川，約莫在「民歌採集運動」正如火如荼開展的同一時期（1966-1969年間）

4 參考潘罡，2006年9月24日，〈民歌採集四十載，祖先原民的歌，在風中消逝〉，《中國時報》，A10版。
5 參考李哲洋，1976，〈山胞音樂提示〉，《藝術家》第18期，頁43-46。
6 參考明立國，2002，《呂炳川：和絃外的獨白》，台北：時報文化，頁36-40。

亦曾數度返台，為了他的博士論文《台灣土著族音樂的考察》獨自進行田野工作，並將其扎實的採集成果整理之後，於一九七七年交由日本「勝利唱片公司」（Victor Records）出版《台灣原住民族──高砂族の音樂》專輯唱片，隨即獲得該年度「日本文部省藝術祭大獎」。

然而，就在呂炳川從東京大學畢業、成為台灣第一個民族音樂學博士回台之後，卻因國內注重「門戶」與「輩分」的學術環境，讓他整整八年期間連一個專任教職與研究工作都謀不到，不禁令他感嘆「在台灣從事音樂研究工作，並不是苦幹實幹就可以的」，而他也經常自責，認為「是自己不懂得交際應酬才導致這種結果」[6]。甚至於，當我們從今日主流書寫的音樂史裡讀到「民歌採集運動」，幾乎是把同時期獲得國際重大學術成就的呂炳川給排除在外，就連當時默默付出頗多貢獻的先驅者李哲洋名字也經常被刻意淡化、略而不提。

二〇一二年，民族音樂學者陳俊斌在〈「民歌」再思考：從《重返部落》談起〉一文中表示，民歌採集運動對台灣民族音樂學發展影響深遠，現今提及台灣原住民歌謠相關研究，基本上延續許常惠當年（從1960到1970年代）原住民音樂採集的路線，承接了日治時期黑澤隆朝到許常惠所建立的學術傳統，更由於受到黑澤的影響極深，許常惠曾表示「民歌採集運動不過是重新溫習黑澤隆朝的《台灣高砂族の音樂》」[7]。因此在田野調查過程中，許常惠甚至帶着黑澤當年的田野錄音複本，讓被採訪的對象知道民歌採集隊要錄製的歌曲類型，以免受訪者一開口唱就是流行歌曲。

相較之下，當時很早就帶有學術自省意識的李哲洋，早在一九七七年年呂炳川以《台灣原住民族—高砂族の音樂》唱片獲頒「日本文部省藝術祭大獎」時，便已透過撰寫一篇祝賀文中，間接指出了黑澤理論的某些盲點：「黑澤氏所處的時代，比較音樂學（民族音樂學）起步不久，若干觀念與方法論，在目前看來都相當落伍。例如，黑澤氏即使對於東南亞音樂熟稔，但依舊下意識地認為任何民族的音階，都將進化為西洋式的音階」[8]。

在學術理論和思想上，許多人往往故步自封於既有的框架而不自知。對此，在學術理論和思想上，許多人往往故步自封於既有的框架而不自知。對此，我們該如何跳出傳統視角、突破舊有思維？乃至能夠不斷另闢新徑、勇於提出新問題、新想法？或許重新回頭檢視，並嘗試理解當年李哲洋和呂炳川如何受到日本民族音樂學發展的另一脈絡——小泉文夫及岸邊成雄的影響，從而形成不同於黑澤到許常惠的知識取徑和思想觀

---

7 參考陳俊斌，2012，〈「民歌」再思考：從《重返部落》談起〉，《民俗曲藝》第178期，頁207-271。
8 參考李哲洋，〈呂炳川實至名歸，以「山胞音樂」享譽東瀛〉，《中國時報》1977年12月13日第3版。

呂炳川實至名歸
以山胞音樂享譽東瀛
李哲洋

中國時報 民66年12月13日星期二(三版)

早在一九七七年年呂炳川以《台灣原住民族—高砂族の音樂》唱片獲頒「日本文部省藝術祭大獎」時，李哲洋便已透過撰寫一篇祝賀文中，間接指出了黑澤理論的某些盲點。（李立劭提供）

念。（從李哲洋家屬捐贈整理的藏書目錄當中，亦可清楚窺見他一生建構的知識系譜，果不其然閱讀了大量有關小泉文夫的民族音樂學論著）。透過這樣的省思過程，將有助於使我們更加深刻體認台灣民族音樂研究自身的多元面貌。

所謂「重建歷史」背後的真正意義與精神所在，並不在於一味強調形式化、行禮如儀的學術研討會，而僅只在象牙塔內的相互審查或講評，又何嘗能夠真正達到與當下社會的實際交流互動？誠如摩根・弗里曼（Morgan Freeman）曾在演出經典電影《刺激 1995》（Shawshank redemption，又譯為《肖申克的救贖》）片中說過一段耐人尋味的台詞：「這些監獄圍牆真是有趣。首先，你討厭它們，然後習慣了它們。等到經過一段很長的時間，你卻發現自己已經離不開它們，這就是體制。」

倘若我們真的有心要「重建台灣音樂史」，更應該要重新去評價李哲洋、呂炳川等這些被排除在主流論述之外、邊陲化的時代犧牲者。特別是終其一生活躍在體制外的民間自由學者李哲洋，在他身後所留下、保存在北藝大庫房裡的大批藏書、剪報、照片、海報、書信、手稿等，未來勢必將會成為提供更多有志之士據以探究台灣音樂史、藝文活動、影像史、民間沙龍文化史、田野訪查、山林史的重要文獻，吾人期許往後負責保存管理者要能懂得善加珍惜及運用。

——（本文原刊於2020年12月17日《聯合報》「鳴人堂」專欄。）

第十六章

被遺忘的民族音樂學家呂炳川——重建台灣音樂史觀（上）

「掩蓋的事沒有不被顯露出來的，隱瞞的事也沒有不被人知道的。」

——《新約聖經：路加福音》第12章第2節

須知，過去的歷史之所以形成今日我們所見的樣貌，乃是針對眾多史料不斷地進行選擇、排除、歸類、詮釋，乃至於撰寫成論著的一連串動態過程。

因此，當我們閱讀任何一樁看似理直氣壯的歷史敍事時，除了關注已知的主流論點和人物之外，我們更應該隨時保持著敏感度，並且進一步追問的是：為什麼有些相對低調的人事物，在後來的歷史記錄當中彷彿刻意被忽略、被隱蔽，甚至最後「被消失」了呢？

約莫在二〇一五年，我在友人王信凱開設的愛樂空間「古殿樂藏」首度意外發現了一套三張一九七七年日本「勝利唱片公司」（Victor Records）出版、呂炳川（1929-1986）錄製並擔綱監修與解說的《台灣原住民族——高砂族の音樂》黑膠專輯。

令人驚訝的是，該唱片封面文字強調「台灣現地錄音」（Live Recording，有別於錄音室的後製效果），透過曲盤唱針播放出來原住民吟詠大地的唱和之聲極其飽滿、醇厚，場域層次分明、輪廓清晰，溫暖而細緻的空氣感彷彿活現眼前。

聽聞其中的田野錄音技術似有一股震懾人心的感染力，我認為簡直要比「風潮唱片」後來在九〇年代灌錄的《台灣原住民音樂紀實》系列

一九七七年呂炳川在日本「勝利唱片公司」（Victor Records）出版《台灣原住民族—高砂族の音樂》專輯唱片，並獲得該年度「日本文部省藝術祭大賞」，為戰後台灣以「原住民音樂研究」蜚聲國際的第一人。（作者收藏翻拍）

CD更勝一籌。而在這套《台灣原住民族——高砂族の音樂》專輯裡甚至還附有一冊大開本篇幅達四十多頁、圖文並茂的解說書，翻覽其內容資料之詳盡、編排印刷之精美，儼然就是一部具體而微的學術經典。

隨後，我輾轉透過文獻閱讀得知，這個名叫呂炳川的台灣人，原來是戰後台灣第一位在日本東京大學專攻「民族音樂學」的博士學者。上述這套錄音相當厲害的《台灣原住民族——高砂族の音樂》專輯，正是他當年就讀東大期間，自1966年起陸續返台進行田野調查、前後歷經十二年（直到1977年）、走訪了上百個村庄部落的採集成果。

此外他早期（1977年）在佛光山大悲殿現

呂炳川演奏台灣原住民傳統樂器「弓琴」。據呂炳川的研究，除了泰雅族、賽夏族及達悟族之外，其他族群均使用過弓琴，其中以布農族應用最多。而含弓之處，以口腔為共鳴腔，透過弦的震動，加以舌位的變化，產生不同的泛音音高。（翻拍自南華大學「無盡藏圖書館」呂炳川特藏室，楊識宏攝影）

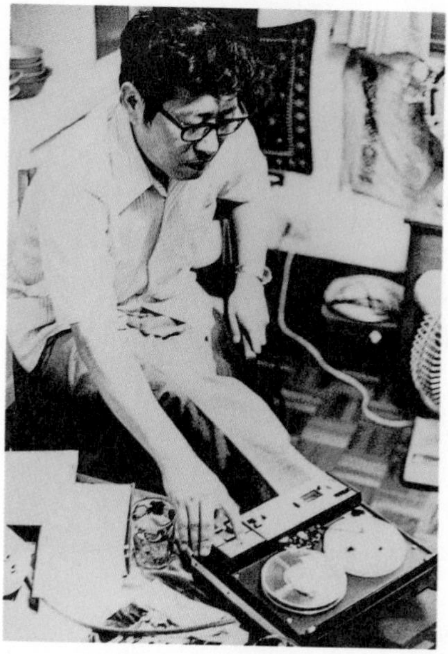

李哲洋形容呂炳川所擁有的攜帶式錄音機機種之多，幾乎可以開一家音響器材博物館的程度，並且都是精品，價格十分昂貴。（明立國提供）

場採錄的梵唄唱誦，一九七八年製作成《佛光山梵唄》聖歌錄音帶，後來授權給「風潮唱片」於一九九四年重新出版CD專輯，並帶動佛教類型音樂大賣而奠定了該公司的事業基礎，因此才有了盈餘來支持《台灣原住民音樂紀實》系列製作。

赴日苦讀獲國際殊榮

一九二九年出生於日治時代台灣總督府轄下澎湖廳的呂炳川，兩歲時（1931）隨家人搬遷到高雄定居，自幼即展現出對於飛機模型、工藝、音樂、攝影等多方面的興趣和喜好。中學時期曾經以手抄琴譜、土法煉鋼的方式學習小提琴演奏。從學校畢業後，呂炳川很快又愛上了攝影，不僅獨自摸索暗房技巧，也開始瘋狂鑽研搜集各

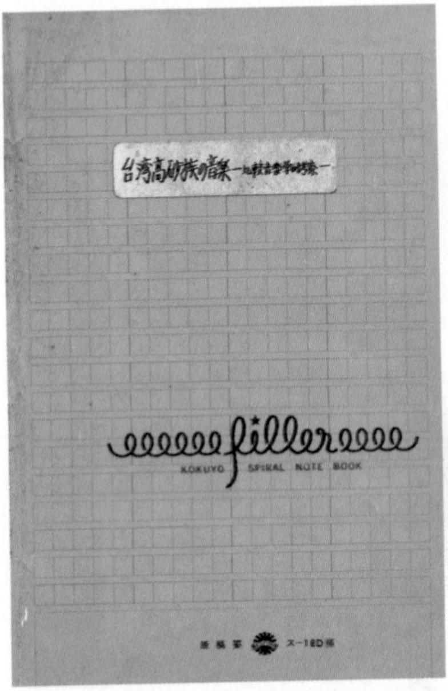

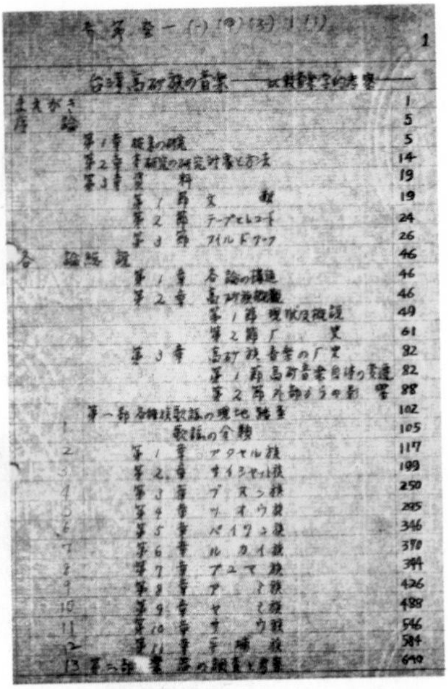

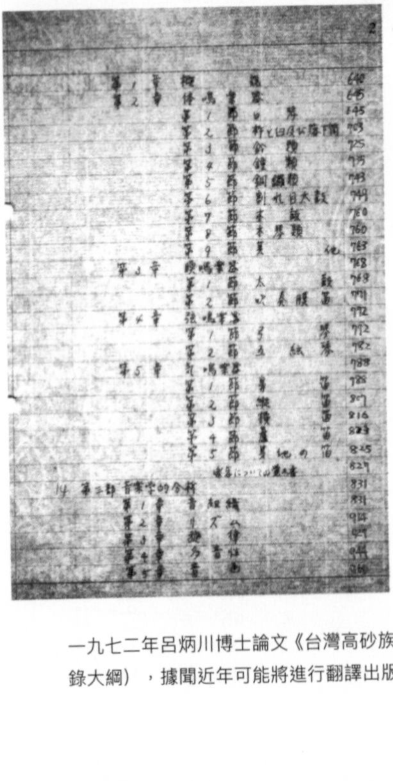

一九七二年呂炳川博士論文《台灣高砂族の音樂—比較音樂學的考察》日文手抄搞（目錄大綱），據聞近年可能將進行翻譯出版計畫。（明立國提供）

早期（五〇年代末）熱愛音樂的呂炳川亦曾在高雄指揮市立交響樂團演出，並在當地的華僑戲院舉辦過一系列的唱片欣賞會，堪稱台灣最早的音響唱片發燒友的鼻祖。有時他還會把貴重的留聲機和蟲膠唱片大方外借給有需要的年輕學員，不吝教導對方如何正確地使用唱針播放曲盤。

當時，呂炳川漸感自身所學不足，為了進一步充實音樂方面的學理知識，三十三歲那年（1962）他毅然結束在台灣的所有工作，攜家帶眷負笈日本，進入武藏野音樂大學音樂學部樂器

式 Hi-Fi 音響器材、攜帶用高級卡式機和雙向話筒等錄音設備，以及當時相當昂貴的十六厘米攝影機等。

聽聞其生平好友李哲洋形容他所擁有的攜帶式錄音機機種之多，「幾乎可以開一家音響器材博物館的程度，並且都是精品，價格十分昂貴」[1]。後來呂炳川也自行開設了一家照相館，還在留學日本期間擔任大學攝影社團召集人，同時舉辦過個人攝影展。諸如此類對於聲音影像器材的專精與熟稔，讓呂炳川奠定了日後投入田野調查的專業基礎。

---

1 參考李哲洋，1986 年 4 月，〈記一位殞逝的音樂學者：憶呂炳川博士〉，《全音音樂文摘》第 10 卷第 4 期，頁 39-40。

科就讀，主修小提琴和指揮。

就在武藏野修業期間，他發現身邊不少主修樂器的同學只懂技巧，卻腦袋空空、思想貧乏，於是又到東京大學旁聽美學與比較音樂學（今「民族音樂學」的前身）。結果讀出興趣來，後來在東京藝術大學旁聽了小泉文夫（1927-1983）在該校開設的民族音樂學課程，深感獲益良多，更引導他走上民族音樂研究之路。

一九六六年呂炳川自武藏野大學畢業，旋即進入東京大學人文科學研究科主修音樂美學，兼修比較音樂。這時，他開始把研究興趣轉向台灣原住民音樂，並利用那年暑假（1966年7月至9月）首次回台進行田野調查。

及至翌年（1967）又通過東京大學人文科學

呂炳川宣稱，他收集樂器最大的樂趣，是從樂器的演變，可以窺見民族音樂學的門徑。他要用自己的力量創建一座民族音樂博物館。其中有一對珍藏的魯凱族的鼻笛，據說是他早年在中華路一家骨董店「高價」買到的。雖然所費不貲，但他還是「忍痛」買了下來。呂炳川表示「因為我不買，馬上就會被外國的收藏家買走了」。（翻拍自南華大學「無盡藏圖書館」呂炳川特藏室，楊識宏攝影）

研究科主修「比較音樂學」（今「民族音樂學」的前身）嚴格的入學測驗，接連在碩士班以第一名完成學業後攻讀同校博士班，正式成為著名的日本民族音樂學家岸邊成雄教授（1912-2005）的學生。日後，這位指導教授回憶：呂炳川當時「碩士課程修了兩年，博士課程修了三年，能在短短的五年內便取得博士學位，實為罕見，而他又是以外國人的身分得到博士，更屬難得」[2]。

這段期間，呂炳川每年都會趁著假期回台調查研究原住民音樂。他曾走遍全台，登山越嶺，訪問各部落達一〇八村。由於從事民族音樂的田野工作費用龐大，卻又很難在短期內看到明顯成果，呂炳川捨棄半工半讀、而直接選擇以破釜沉舟的方式借貸求學，相當執著地去完成他認為值得付出奉獻的學術志業。而在畢業之後為了還債，更賣掉自己原有的房產，但他卻仍甘之如飴，甚至說：「還想以自己的力量繼續做採集、整理和分析的工作」[3]。

一九七二年，呂炳川以博士論文《台灣高砂族の音樂——比較音樂學的考察》獲得學位，成

2 參考岸邊成雄，1982，〈序言：關於呂炳川博士〉，《台灣土著族音樂》，台北：百科文化，頁 5-6；日文原文收錄於《台灣原住民族—高砂族的音樂》唱片解說冊，1977 年日本「勝利唱片公司」（Victor Records）出版。

3 參考雷驤，1977 年 8 月，〈呂炳川：文化遺產的勞動者〉，《家庭月刊》第 11 期，頁 16-20。

為台灣第一位民族音樂學博士。五年後（1977）更以博士論文為基礎，加上他多年進行田野調查所得錄音採集成果，與日本「勝利唱片公司」（Victor Records）合作出版《台灣原住民族——高砂族の音樂》唱片專輯獲得該年度「日本文部省藝術祭大賞」。

按李哲洋的說法，日本前輩音樂學者黑澤隆朝（1895-1987）早在一九七四年就將早期（1943）在台灣的採集錄音出版成一套兩張《台灣高砂族の音樂》，結果只獲得「優秀賞」，「大賞」從缺。這個由日本文部省主辦每年一度的藝術祭大賞，已經連續三年都從缺（1974到1976年），可見其審查之嚴格與謹慎[4]。

直到呂炳川參賽（而且又是以外國人的身分），才又出現「大賞」得主，此一殊榮無疑得到日本學術界的高度肯定，更是繼棒球名人王貞治獲頒「榮譽國民獎」之後，以台灣人身分得到日本官方頒發大獎的第二位。

一段被隱蔽與排除的歷史

若以現今媒體常見的鄉民語言來形容，無論是他個人苦學奮鬥的傳奇經歷，或是嶄露國際知名度的學術成果而言，當年獲獎的呂炳川根本就是那個年代的音樂學界「台灣之光」！

彼時，呂炳川的博士論文《台灣高砂族の音樂——比較音樂學的考察》不僅被收錄在RILM（國際音樂文獻資料大全 Répertoire International de Littérature Musicale，簡稱RILM）文獻目錄裡頭，奠定了呂炳川台灣原住民音樂研究的國際學術地位。而權威的葛羅夫音樂辭典（Grove's Dictionary of Music and Musicians），以及萊比錫出版的《Veb Deutscher Verlag Für Musik》裡有關台灣民族音樂的篇章，也都邀請呂炳川撰述。

然而，令人尷尬不解的是，當他學成歸國之後，竟無法在大學的音樂科系謀得一份專任教職，其間長達八年之久（1970-1978），而那時候（七〇年代）台灣島內卻正適逢本土（鄉土）自覺意識崛起、民間社會紛紛湧現文化尋根熱潮、音樂學界史惟亮和許常惠合作領導「民歌採集運動」風起雲湧的時代。

為謀生計，呂炳川不得已運用自己的第二專長：開班教授小提琴，以期盡速償還債務，並於自家創設了「才能教育幼稚園」，成為台灣最早引進日本小提琴教育家鈴木鎮一「才能教育」思想的先驅者。（據聞早年林絲緞、明立國也都曾在這裡擔任跳舞和小提琴的教師，某種程度上這也和林絲緞日後發展出的「啟發式舞蹈」教育有著彼此共振與強化的作用）。

直到他獲獎（1977年）前不久，有著處女

4 參考李哲洋，1977年12月13日，〈呂炳川實至名歸，以「山胞音樂」享譽東瀛〉，《中國時報》第3版。

呂炳川在自家書房。李哲洋描述呂炳川擁有的書刊之多，其藏量為他個人藏書的十數倍，相當令人驚異。（翻拍自 1977 年 6 月《全音音樂文摘》第 6 卷第 6 期）

畢生致力於台灣原住民音樂研究的呂炳川博士，平時也非常喜愛蒐集世界各地的民族樂器，論其數量與種類之多，恐怕迄今為止在國內仍無出其右者，當年在他家中客廳的牆上幾乎已全被樂器佔滿了。（翻拍自南華大學「無盡藏圖書館」呂炳川特藏室，楊識宏攝影）

座一絲不苟與勤奮性格的呂炳川，方纔透過作家雷驤的雜誌專訪，委婉表明了他內心的感嘆：「回國以後，才發現此地的音樂界，並不是一個人老老實實在那裡苦幹，就能出頭的。」呂炳川表示：「我的個性本來很活躍，是樂於參與各種社交的。也許受到國外學者們的影響，逐漸在性格上起了轉變；想起來，與其把時間精力放在交際，不如多做點學問」[5]。

根據雷驤在〈呂炳川——文化遺產的勞動者〉這篇文中描述：「不喜歡同人打交道的性情，致使他與國內文化界疏離。因此，教育部有關民族音樂的會商、諮詢，從來不曾找過他」。當時（1976）在台北舉行的「亞洲作曲家大會」，中心議題是「以亞洲音樂素材為創作泉源」。參與大會的各國代表中，不乏民族音樂學家，像菲律賓的馬西達博士，即列席發表民族音樂研究的心得。

而在台灣地主國龐大的代表團名單裡，卻沒有呂炳川的席位。「有的外國代表滿以為可以在會場上看到他，經詢問大會，答覆說：呂炳川先生外出旅行，所以沒有邀請……」[6]。這位曾被瑞士、德國、日本各種學報爭相約稿的音樂學

5 參考雷驤，1977年8月，〈呂炳川—文化遺產的勞動者〉，《家庭月刊》第11期，頁16-20。

6 參考雷驤，1977年8月，〈呂炳川—文化遺產的勞動者〉，《家庭月刊》第11期，頁16-20。

者，在國內向報刊撰文投稿，卻遭退稿。

「我在博士班時已在昭和音樂短期大學任教，教的是日本音樂與音樂美學專門，畢業後，本打算接受美國一所研究院邀請我去當研究員，條件非常優厚，後來卻糊里糊塗地被文化學院的莊本立教授勸回來……」[7]

當時呂炳川亦曾在接受《全音音樂文摘》主編李哲洋與樂界友人戴洪軒的採訪時坦言：「其實我也很想回來為祖國（台灣）效勞，在音樂界貢獻一點力量，沒想到台灣的音樂圈那麼複雜，而且排外，我剛回國時誠心誠意地去拜訪幾位『偉大』的音樂家，竟遭拒絕，個個都說沒空見我，大概是怕我找他們介紹工作，其實我根本沒有別的企圖，只是想跟他打個招呼致敬罷了，從此我對這些『偉大』的音樂家只好敬而遠之，一些文章只好拿到國外發表了」[8]。

最近幾年，吾友「古殿樂藏」殿主王信凱針對台灣本地黑膠唱片市場與愛樂聽眾已有一些初步觀察，他發現一個相當有趣而吊詭的現象：在他所接觸的消費客層與朋友圈中，曾經聽過呂炳川這個名字的人雖然不多，其中有的是民族學、人類學背景，有的則是單純喜歡聽民族音樂的愛樂者，但反倒是那些主修音樂科系或民族音樂學的年輕一輩（包括學生和老師），詢問他們當中是否曾經聽過呂炳川？所有答覆卻都是對他完全陌生；在國圖碩博士論文網站以呂炳川為關鍵查詢，得到的相關研究論文篇數結果竟也都是零。

——（本文原刊於2021年5月7日《聯合報》「鳴人堂」專欄。）

7 參考李哲洋（偕同戴洪軒）採訪、呂炳川口述、吳素禎記錄，1977年6月，〈與呂炳川博士一夕談：難得開口說話的道道地地的台灣山胞音樂專家〉，《全音音樂文摘》第6卷第6期，頁49-64。

8 參考李哲洋（偕同戴洪軒）採訪、呂炳川口述、吳素禎記錄，1977年6月，〈與呂炳川博士一夕談：難得開口說話的道道地地的台灣山胞音樂專家〉，《全音音樂文摘》第6卷第6期，頁49-64。

第十七章

呂炳川的民歌採集與學術之爭——重建台灣音樂史觀（中）

一九六六年七月至九月，赴日攻讀比較音樂學的呂炳川，首度返台進行漢人傳統音樂以及原住民音樂田野調查工作。

巧合的是，幾乎就在同一時期，該年（1966）一月在已有熟悉的山地部落採集經驗，同時擁有專業級的登山技能、本身又精通日語和台語（可以跟山地部落的耆老溝通）的李哲洋引領帶路下，陪同當時剛從歐洲留學返台、主修作曲的史惟亮，以及德籍學者 W. Spiegel 博士前往花蓮縣吉安鄉的田浦村、東富村和豐濱村等地進行為期五天的踏查活動，共採集了一百多首原住民歌謠。

翌年（1967）一月，史惟亮便將這趟令他頗為振奮的花蓮山地音樂採錄之旅撰成一篇專欄文章〈山中掘寶〉發表在《幼獅文藝》。此時，一位自稱是民間企業家的范寄韻[1]先生看過這篇文章之後，聲稱「內心激起了極大的波動！一方面慶幸我們的中國音樂寶藏，真的是有人挺身而出，已在開始挖掘整理了；另一方面卻又惋惜我們的政府與國人，迄未對此事重視而給予支援！」[2]

為了付諸行動，范寄韻決定要親自去拜訪史惟亮，於是透過范氏的好友——中央廣播電台主編李玉成的居中聯繫，終於如願見到了史惟亮，兩人相談甚歡。之後，再由史惟亮的引介，隨即范寄韻又見到了作曲家許常惠。一九六七年春天，范、李、史、許四人就在北投一家旅館的日式房間中徹夜長談，決定搶救民歌。兩天後，由范寄韻和當時《聯合報》公共關係主任陳中書捐出二十萬元，成立「中國民族音樂研究中心」，自此揭開六〇年代「民歌採集運動」序幕。

以上這些過程，皆由范寄韻詳細記載於自行刊印的《重建「中國民族音樂」》一書。范寄韻更在書中提出了初步構想及指導方針：

「我們應即速成立『中國民間音樂研究發揚中心』，並由具有音樂才能的工作人員分編成若干個錄音蒐集的『掘寶』小組，在必要時（如蒐錄本省山地同胞的台灣山地歌謠時，或蒐錄旅台之蒙、藏、康、青同胞的邊疆歌謠時，以及蒐錄現已罕有的正宗南管曲調時），應該邀請各報記者隨行實地採訪新聞，以便擴大報導此項挖掘『我國音樂文化寶藏』的詳實消息，而引起我們整個社會的注目和重視！」[3]

值得關注的是，在當時台灣社會仍屬封閉

1 范寄韻何許人也？根據許常惠所述，范寄韻是河北人，北京大學畢業，曾響應青年從軍，抗戰勝利後進入當時的情報機構軍統局，在戴笠的手下做事。國共內戰時，美國派馬歇爾調停，范寄韻曾在北京由美國、國民黨、共產黨共駐之馬歇爾總部任職。大陸淪陷以後，范寄韻到台北，並獲台北市軍友社總幹事一職。1961年高雄加工出口區成立，范寄韻憑著靈活的頭腦和良好的人際關係，受聘為加工區公司經理。參考吳嘉瑜，2002，《史惟亮：紅塵中的苦行僧》，台北：時報出版，頁106。

2 參考范寄韻撰述，1967年4月《重建「中國民族音樂」》自印本，頁12。

3 參考1967年4月范寄韻撰述《重建「中國民族音樂」》自印本，頁24-26。

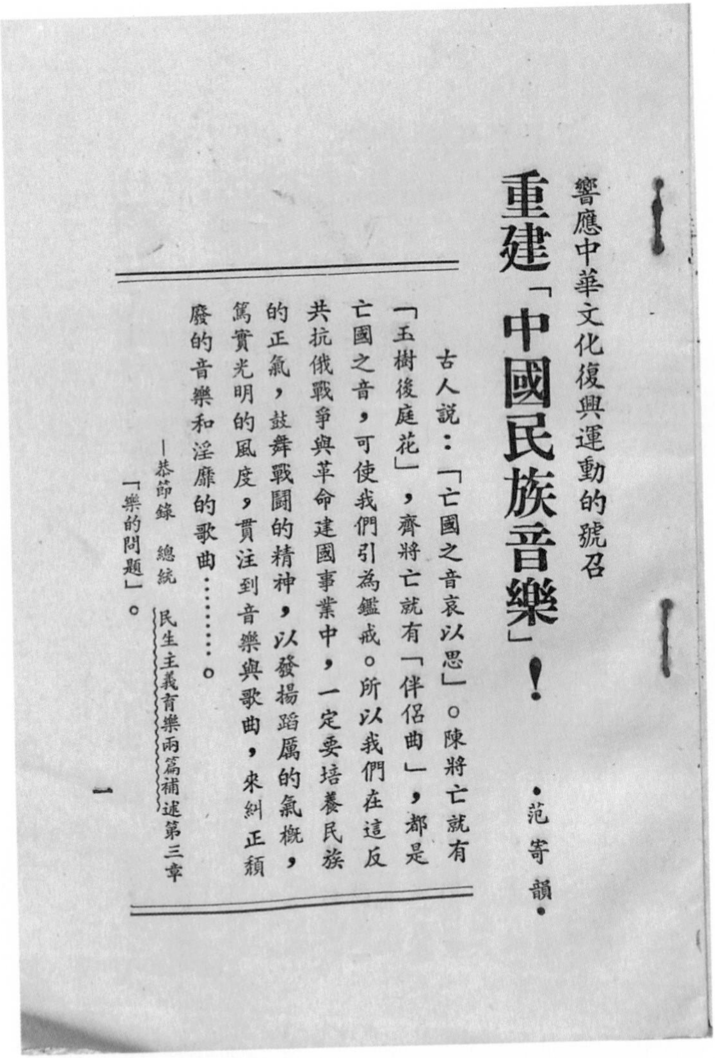

響應中華文化復興運動的號召

重建「中國民族音樂」！

•范寄韻•

古人說：「亡國之音哀以思」。陳將亡就有「玉樹後庭花」，齊將亡就有「伴侶曲」，都是亡國之音，可使我們引為鑑戒。所以我們在這反共抗俄戰爭與革命建國事業中，一定要培養民族的正氣，鼓舞戰鬥的精神，以發揚蹈厲的氣概，篤實光明的風度，貫注到音樂與歌曲，來糾正頹廢的音樂和淫靡的歌曲………。

—恭節錄 總統 民生主義育樂兩篇補述第三章「樂的問題」。

一

一九六七年四月范寄韻撰述《重建「中國民族音樂」》自印本。書中針對「民歌採集」提出了「分組下鄉」、「公開行程」、「記者隨行」等基本指導原則。（古殿樂藏提供）

保守、國民黨當局對人民的結社自由有著嚴格管控，年輕人私下組織「讀書會」就會被抓的戒嚴時代，當年如此大規模的「民歌採集運動」之所以能夠順利成行，除了發起人史惟亮本是輩份極高的國民黨青年軍出身、黨國統治者眼中的抗日英雄，另一重要關鍵即在於范寄韻的介入與資助。

范氏在表面上雖以民間企業家的身分支持，實際上卻是來自國民黨情報機構軍統局的特務體系，作為「樣板（模範）人物」維繫黨國體制與民間社會之間溝通及監控的中介者（試想，一群成員背景各異的知識青年呼朋結伴「下鄉」去作採集，黨國政府難道不會擔心他們私下蠢蠢欲動嗎？），並且預先擬定實施「分組下鄉」、「公開行程」、「記者隨行」等基本指導原則，藉此鼓吹「追尋中國傳統民族音樂根源」的國族意識，號召民間人士協助國民黨政府推展「中華文化復興運動」（1967年），以期對抗當時中共發動「文化大革命」（1966年）的一場文化政治行動。

相對於背後有著複雜官方（黨國）政治力量介入、一路上都有媒體記者隨行、從頭到尾浩浩蕩蕩大肆宣揚的「民歌採集運動」，這段期間留學日本的呂炳川單純只為了完成他的博士論文《台灣高砂族の音樂——比較音樂學的考察》，研究過程幾乎全靠自費（除了接受美國亞洲協會的少量經費補助），趁著假期空檔隻身回台，默默低調地進行「一個人的民歌採集」。

主流學說的角力：小泉文夫與黑澤隆朝

話說當年高舉「音樂民族主義（Musical Nationalism）」大旗的許常惠與史惟亮兩人共同發起的「民歌採集運動」，對外宣稱乃是受到二十世紀初期採集歐陸民間各地歌謠、用來當作音樂創作素材的匈牙利作曲家巴爾托克（Béla Bartók）所啟發。

然而，運用在現實脈絡的理論與方法上，由於當時新興的民族音樂學，已逐漸發展為一門包含人類學、田野民族誌、錄音技術、採譜分析等跨領域的繁複學問。因此，相較於來自文化環境迥異的歐陸遠方的巴爾托克，許常惠、史惟亮等人毋寧更著重借鑑於社會文明體系較接近的亞

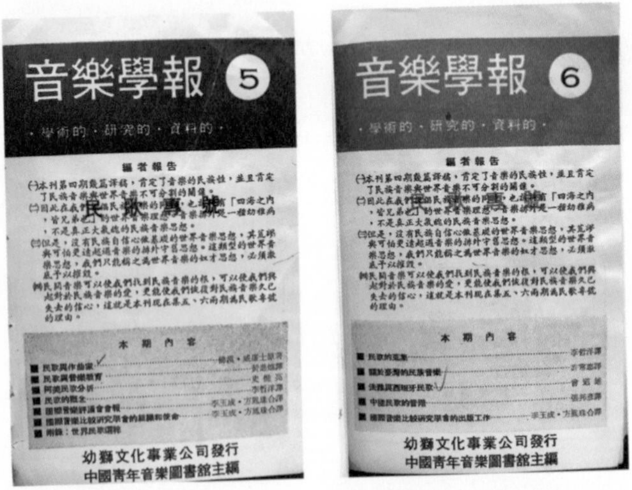

一九六七年五月和六月的《音樂學報》特別策畫了連續兩期的「民歌專號」，陸續刊登李哲洋翻譯小泉文夫〈民歌的概念〉與〈民歌的蒐集〉兩篇文章，發表後的隔月（1967 年 7 月）便因與許常惠之間理念不合，而被迫離開了民歌採集隊。

洲先進鄰國——日本建構民族音樂研究的學術經驗，予以作為「民歌採集運動」的理論參考。

一九六七年一月十五日，由史惟亮成立「中國青年音樂圖書館」擔綱主編、幼獅文化事業公司發行的《音樂學報》創刊，第一期便率先刊登了林延翻譯日本民族音樂學泰斗小泉文夫的〈亞洲的音樂與民族性〉。隨之，同年（1967）五月和六月的《音樂學報》更特別策畫了連續兩期的「民歌專號」。其中第五期刊登李哲洋翻譯小泉文夫〈民歌的概念〉[4]一文，第六期刊登李哲洋翻譯小泉文夫〈民歌的蒐集〉[5]，以及許常惠翻譯黑澤隆朝〈關於台灣的民族音樂〉[6]。

早年李哲洋雖迫於白色恐怖受難家屬的身分，而無法出國留學研修音樂，但他卻憑藉著自學成才、考取教師資格，並且透過日語翻譯媒介同步吸收日本音樂學界的第一手新知。大致來說，他在《音樂學報》翻譯小泉文夫的兩篇大作，對於當時進行民歌採錄的調查研究方法或基

4 原文出自1958年小泉文夫出版著作《日本傳統音樂の研究1：民謠研究の方法と音階の基本構造》第1卷第2章第3節〈民謠の概念〉。

5 原文出自1958年小泉文夫出版著作《日本傳統音樂の研究1：民謠研究の方法と音階の基本構造》第1卷第2章第6、7節〈唄の採集〉與〈補助的紀錄〉。

6 原文出自黑澤隆朝，1959年12月，〈台灣の民族音樂〉，《音樂藝術》雜誌「東方民族音樂特輯」。

本工作態度上，都是相當具有指導作用的文章。但是，就在他翻譯完這兩篇發表後，隔月（1967年7月）便因與許常惠之間理念不合，而被迫離開了民歌採集隊。

從此之後，台灣本地迄今再無出現任何一篇有關小泉文夫的譯介文章。與此相對地，最初由許常惠翻譯進來的黑澤隆朝，則隨著許氏長年在學界獨尊黑澤理論的影響，以及近年音樂學界亦將黑澤早期（1943）在台灣採集的原住民音樂錄音與其代表作《台灣高砂族の音樂》重新整理出版，幾乎使得黑澤隆朝成為今日在台灣最廣為傳布的民族音樂學者典範。

這種情況，不僅意味著全然排除了小泉文夫觀點的學術視野，甚至就連早年師法學習小泉理論的呂炳川、李哲洋等人，後來也都在主流歷史論述當中刻意被忽略，乃至慢慢被遺忘。

有趣的是，黑澤隆朝在日本學術界其實並不像在台灣那樣受到推崇。依照日本著名音樂學者岸邊成雄的說法，主要原因是「他（黑澤）早年的研究資料雖然內容相當豐富而原始，但以當時民族音樂學發展的進步情形來看，他的方法稍嫌落伍了一些」[7]。

此外，李哲洋也曾針對黑澤的研究觀點提出批判：「黑澤氏所處的時代，比較音樂學（民族音樂學）起步不久，若干觀念與方法論，在目前看來都相當落伍。例如，黑澤氏即使對於東南亞音樂熟稔，但依舊下意識地認為任何民族的音階，都將進化為西洋式的音階」[8]。

事實上，真正對於日本當代社會產生巨大影響力的音樂學者並非黑澤，而是小泉文夫。除了由小泉闡述的日本傳統音樂體系的理論，已被日本音樂學界廣泛運用之外，小泉文夫同時也很擅長編輯、出版，甚至經常組織各種活動，透過電視媒體與廣播節目來推廣民族音樂研究，啟發了許多普羅大眾。

一九七三年在呂炳川的協助下，小泉文夫還曾親自來過台灣調查原住民音樂和漢民族歌謠，之後（1978年）更將其採錄成果出版為《高砂族の歌》與《台灣の音樂》兩張唱片，編入他的《世界民族音樂大全》系列當中。小泉文夫的影響力不僅止於學術圈內，更擴及到學院之外的整個日本大眾文化。

知識權力的迷思與學術之爭

雖然黑澤隆朝在日本並不如小泉文夫那樣廣泛受到重視，但黑澤卻非常羨慕小泉在學術界與大眾文化擁有的聲望，因此他總是念茲在茲，想要建構出屬於自己的「黑澤學說」，並試圖從他採集的台灣高砂族音樂當中，以西方音樂體系為

7 參考1967年9月6日《聯合報》〈音樂家的夜談：許常惠、史惟亮與岸邊，深宵不倦談高山民謠〉。

8 參考李哲洋，1977年12月13日，〈呂炳川實至名歸，以「山胞音樂」享譽東瀛〉，《中國時報》第3版。

一九七八年小泉文夫在日本「皇聲唱片」（King Records）出版訪台採集成果的《高砂族の歌》與《台灣の音樂》。（作者收藏翻拍）

中心的進化論觀點來詮釋「音樂起源論」。

由於黑澤早年（1943）來台灣音樂進行調查期間，並沒有機會探訪蘭嶼進行當地達悟族音樂的採集研究，一度令他深覺遺憾。因此當他晚年（1979）受到許常惠的「中華民俗藝術基金會」邀請來台，終於讓他得以一償宿願，也讓他重新感受到被台灣人重視的喜悅。

在學術觀念與個性上，黑澤與許常惠皆是偏向以西方音樂理論為中心的研究方法（主要包括錄音、採譜、條列式分析）來詮釋民族音樂，彼此之間可說是相當投緣，而且兩人都是非常在意自己的學術地位與身後之名，從事田野調查時一旦採集到某些他們眼中的新事物，往往就會迫不急待地公開宣稱自己「發現」（發掘）了什麼。

比如當初黑澤隆朝來台灣只錄了一次音，回去日本之後便很積極地要把台灣原住民音樂納入他的「黑澤學說」。而許常惠事後回顧早年他在「民歌採集運動」的成果時，也總是特別強調他「發現」了陳達、他「發現」了廖瓊枝、他「發現」了賴碧霞、他「發現」了李天祿、他「發現」了郭英男等。

然而，或許正因為許常惠本人實在是太過陶醉於自己在媒體面前所塑造出來「偉大的發現者」（The Great Discoverer）形象，竟完全忽略了原本處在邊緣看似沉默的音樂學界同行呂炳川，多年來自始堅持「恬恬呷三碗公」認真做研究。

直到具有國際知名榮譽象徵的日本文部省頒發「藝術祭大賞」給呂炳川那天（1977年12月

12日），許常惠這才赫然「發現」自己過去保存（佔有）的許多田野錄音原始資料，自從十年前（1967）「民歌採集運動」熱熱鬧鬧喧騰落幕之後就一直未曾好好整理。況且考量自己當初採集的錄音品質可能也稍嫌粗糙，這樣與號稱音響器材專家的呂炳川相比，豈不是自曝其短？

或許是為了彌補當年在採集錄音方面的缺憾，抑或期待自己透過田野調查能夠再有新的「發現」，也有可能同時為了轉移媒體焦點，種種因素所致，許常惠隨即於一九七八年七月又發起了第二次的「民歌採集運動」。

按照往例，這次的「民歌調查隊」同樣也找來了報社記者隨行。當時參與的成員吳祥輝記者，先是在一九七八年八月十日《聯合報》誇大其詞地以〈世紀知音！三十五年前轟動樂壇／布農族「祈禱小米豐收歌」推翻了音樂各種起源學說／全省民族音樂調查隊在台東錄此曲〉為標題，文中描述許常惠採錄到了布農族「祈禱小米豐收歌」的新發現。很快，三天後（8月14日）《聯合報》又刊出了一篇鄧海珠的報導，標題為〈布農族「祈禱小米豐收歌」／呂炳川早在十一年前錄得〉，予以指正吳祥輝的報導錯誤。

一周後，許常惠本人直接在八月二十日《聯合報》投書了一篇〈民族音樂歸於民族的〉來回應，除了說明自己的錄音成果之外，內容更宛如自我反串般強調「民族音樂工作絕不是出鋒頭的事」，描述他二十天跑完田野後的感觸比以前更沉重，並以某種居高臨下的姿態表示：「整個民族音樂，一方面在無知的民間樂人的自卑感，另一方面在虛榮的觀光商的壓力之下，已經面臨絕種的情形。」

最後甚至還在文末抬出了「愛國民族主義」這頂大帽子指控對方：「這二十年我們看過太多的中國民族音樂資料由本國人或外國人帶出美國、日本、甚至歐洲了。難道中國音樂家只能在外國出版中國民族音樂的唱片，發表有關中國音樂的論文麼？這是多麼令人痛心與慚愧的事情」[9]。藉此影射呂炳川因為在國外（日本）出版唱片而受到國際矚目一事。

在當時正值風聲鶴唳的戒嚴年代，許常惠發表這篇〈民族音樂歸於民族的〉，儘管在數十年後的今日讀來，仍可感受其中暗藏的陰損及惡意，更不禁令我聯想到同一時期的余光中〈狼來了〉。

余氏早年曾為文學界公認的現代詩壇祭酒，而許氏在六〇年代亦被視為引領台灣現代音樂的旗手，兩人皆屬能言善道、長袖善舞、喜好交際之人，門生故交眾多，不僅同樣擅寫評論、樂於充當意見領袖，所有重要文化活動也幾乎都是無役不與，顯示出余、許二氏為學處世上妙不可言的異曲同工之處。

——（本文原刊於2021年5月7日《聯合報》「鳴人堂」專欄。）

9 參考許常惠，1978年8月20日，〈民族音樂歸於民族的〉，《聯合報》第7版。

第十八章

破除「民歌採集運動」的神話——重建台灣音樂史觀（下）

「假如你想知道是誰控制了你，那就看看誰是你不能批評的人。」

——法國啟蒙思想家伏爾泰

回顧過去兩度發起大規模的「民歌採集運動」（分別為1967年、1978年）過程中，屢屢被主流媒體刻意塑造成「偉大的發現者」（The Great Discoverer）的許常惠，繼一九七八年布農族「祈禱小米豐收歌」事件爭議之後，仍然不改其熱衷「發現」新對象的行事作風，不久便在隔年（1981）找到一位企業家徐瀛洲跟他合作，並且宣稱他們在蘭嶼採錄到了當地未曾聽聞的男女合唱歌曲，乃是民族音樂學界從未有過的「新發現」。

當然，媒體記者這回很快又去找了呂炳川要他回應。為了釐清學術上的誤解，呂炳川只好再度出面說明，他指出去年（1980）中華民俗藝術基金會出版、「第一唱片廠」製作發行的《台灣山胞的音樂：曹、排灣、塞夏、雅美、平埔》（收錄於「中國民俗音樂專集」第十一輯），這張唱片就有收入呂炳川採集到的〈工作房之合唱〉（B面第6首），歌曲中「可聽出男聲先唱，女聲加入的合唱」[1]。

此處提到一九八〇年「第一唱片廠」發行的《台灣山胞的音樂》系列專輯共有三張。這套唱片最為奇妙之處，就在於它完全是以中文版形式、重新復刻了一九七七年呂炳川在日本出版的《台灣原住民族——高砂族の音樂》這套錄音，但是封面上卻由總攬策劃的許常惠將自己名字掛在這套錄音的真正作者呂炳川之前（可見今日台灣學界大老的掛名陋習早已有之），由兩人共同擔任「編輯」。

除此之外，自從布農族「祈禱小米豐收歌」事件（1978）以來，呂炳川一方面可能因他並不願在檯面上持續和許常惠爭論、斤斤計較「到底是誰先發現什麼」的這類問題，另一方面也可能是迫於無奈和厭倦，為了回應、化解許常惠在〈民族音樂歸於民族的〉這篇文章質疑他「難道只能在外國（日本）出版有關台灣民族音樂唱片？」的指控，便答應了許常惠的要求，將《台灣原住民族——高砂族の音樂》授權給「中華民俗藝術基金會」和「第一唱片廠」發行中文版。

至此，呂炳川不禁萌生辭意嘆「不如歸去」，且於先前針對台灣音樂學界的大環境早已感到心灰意冷：「所以我現在只好閉門造車，不參與俗世，專心搞我的才能兒童教育，讓一些樣樣都是專家的音樂大師去談民族音樂吧」[2]。因為他內心深知，在這場「民歌採集運動」以許常惠為核

1 參考1981年8月14日，〈蘭嶼的雅美族合唱，是誰最先發現引起爭議，呂炳川將與許常惠徐瀛洲辯論〉，《聯合報》第9版。

2 參考李哲洋（偕同戴洪軒）採訪、呂炳川口述、吳素禎記錄，1977年6月，〈與呂炳川博士一夕談：難得開口說話的道地地的台灣山胞音樂專家〉，《全音音樂文摘》第6卷第6期，頁49-64。

心所建構的「英雄史觀」之下，所謂的「英雄」，其實就跟「偉人」一樣，都是不能夠批評的。

此時，正好香港中文大學向呂炳川提出了邀約，希望他能在該校音樂系執教並擔任中國音樂資料館館長，在種種現實條件（包括薪水、教學資源、學術環境的自由）考量下，儘管當時師大剛剛成立了音樂研究所也想要聘他為首任所長，但他仍決定一個人前往香港赴任（1980年9月），也令他得以暫時遠離台灣這處讓他既深愛又鬱悶的是非之地。

記憶的鬥爭：遺忘是等待被重寫篡改

近日，翻讀戲劇史學者邱坤良早期（1997年）替許常惠所作傳記《昨自海上來：許常惠的生命之歌》，書中講述一段當年「民歌採集運動」幾位主要參與者的評論文字頗具深意：「呂炳川、李哲洋與史惟亮在民族音樂研究的用功程度猶在許常惠之上，可惜三人都英年早逝，如今一提起民族音樂，三人漸被年輕一代的研究者淡忘，反而是許常惠隨著研究環境的開展，指導的學生愈來愈多，無形之中，已儼然是一代民族音樂宗師了」[3]。

基本上，由於繼承了恩師岸邊成雄、小泉文夫的學術思想和研究精神，呂炳川所代表的是日本民族音樂學界「本格派」作風。按日本學術界慣例，投入田野調查之後，便是按部就班、扎扎實實地進行「採集」、「整理」、「出版」等各步驟，如此完整一貫的工作流程，便能夠把採集得來的資料立即透過出版公開，並與社會大眾接軌。因此，呂炳川當年進行「一個人的民歌採集」雖然被排除在運動之外，但他所留存下來的研究資料和錄音檔案至今卻是最為完整，且其中許多早已透過出版公開。

反觀許常惠、史惟亮當年（1967）領導「民歌採集運動」踏查所得一批原始錄音盤帶（包括東隊史惟亮的56捲盤帶、西隊許常惠的94捲盤帶，總計採集約千餘首歌曲），最初過了十年（1977）不僅如作家雷驤的採訪報導評述：

「昔日曾被新聞界大事傳播的『民歌採集』，至今仍未整理分析問世。這使得許多當時寄予相當關懷的人，如今甚為失望。然而我覺得，那毋寧是意料中的事。由於『民歌採集』的主腦人物史惟亮、許常惠兩位先生，自身是作曲家的關係，引進的參與者，大體是年輕作曲學生（或是年輕作曲家），所以任憑他們的熱忱如合焚燃，成果僅止於收錄成音帶而已，是可以理解的。」[4]

乃至於又過了三十年後（2006），更有媒體記者潘罡直言批判：「許常惠生性浪漫隨興，因

3 參考邱坤良，1997，《昨自海上來：許常惠的生命之歌》，台北：時報文化，頁332。
4 參考雷驤，1977年8月，〈呂炳川—文化遺產的勞動者〉，《家庭月刊》第11期，頁16-20。

此他所進行的錄音，往往忽略了一些基本動作，像是沒有擬妥計畫，有時錄音也忘了『報目』。這些錄音帶擱置了幾十年，有些封面和文字記錄已消褪無蹤。」[5]

正因缺乏及時整理和不當保存等因素，導致六〇年代「民歌採集運動」多數檔案迄今幾已遺失或損毀，因此最後只能依賴史惟亮當年交付給贊助此項活動的德國華歐學社（今波昂東亞研究院）院長歐樂思收存了一份拷貝檔，並於二〇一三年將檔案帶回台灣。

另一方面，許常惠一直到他去世前夕（2001年），才把他身邊擱置了幾十年早已發霉的原始錄音盤帶轉交給他的學生吳榮順來處理，並彙整其初步成果於二〇一〇年「國立台灣傳統藝術總處籌備處」出版發行《重返部落、原音再現——許常惠教授歷史錄音經典曲選（一）花蓮縣阿美族音樂篇》一書。

然而，此書的名稱與封面照片卻很明顯帶有極大的誤導。書中收錄的田野錄音沒有任何一首歌曲是由許常惠親自採集，全部都是李哲洋和另一名夥伴劉五男的錄音成果。由於李、劉二人雖為民歌採集隊的初期成員，卻並非許常惠的助理，而且兩人早在許氏加入隊伍之前便已依照自身理解的觀念原則完成了這次的採集工作。

按台灣各大學定義之違反學術倫理行為，將他人的錄音成果以研究掛名方式據為己有，因此恐有「學術不端」（Academic Misconduct）或「學術欺瞞」（Academic Dishonesty）之嫌。我認為此書的名稱應予改正，正名為「李哲洋、劉五男歷史錄音」。

同樣的違反學術倫理行徑，更嚴重的出現在吳榮順承包「國立傳統藝術中心」招標的學術類勞務採購案「許常惠教授民歌採集運動時期歷史錄音還原第一期計畫」，以及「台灣原住民音樂資料蒐集暨數數位化計畫（第一期）」。

在這些計畫案內容當中，一九八〇年「第一唱片廠」復刻呂炳川日本版《台灣原住民族——高砂族の音樂》發行《台灣山胞的音樂》中文版三張專輯。凡是許常惠當年策劃出版，並使用自己掛名在前、實際上為呂炳川錄音的《台灣山胞的音樂》系列共三張唱片所有歌曲，包括呂炳川現場採錄邵族的〈杵聲與杵歌〉、〈遇蛇之歌〉等大約六、七十首，目前在「台灣音樂館」和「開放博物館」網路資料庫登載的「貢獻者」一欄，全都已被篡改為「許常惠錄製」。

正如捷克作家米蘭昆德拉（Milan Kundera）指稱：「人類對抗權力的鬥爭，就是記憶與遺忘的鬥爭」。所謂的遺忘，並不單純只是隨着歲月流逝的記憶，而是一場發生於任何一個「現存／當下」的永恒搏鬥，遺忘本身從來都不是歷史的

5 參考潘罡，2006年9月24日，〈民歌採集四十載，祖先原民的歌，在風中消逝〉，《中國時報》，A10版。

一九八〇年「第一唱片廠」復刻呂炳川日本版《台灣原住民族一高砂族の音樂》發行《台灣山胞的音樂》中文版三張專輯，不僅讓許常惠將自己名字掛在作者呂炳川之前，後來這些唱片收錄的所有歌曲內容，在「台灣音樂館」和「開放博物館」網路資料庫登載的「貢獻者」欄位中，全都已被篡改為「許常惠錄製」。（古殿樂藏提供）

自然現象，而是等待着被重新改寫、重新篡改的機會。

當神話被歷史真相反撲

二〇二一年三月十八日這天晚上，由「古殿樂藏」在十方樂集舉辦的一場「呂炳川的台灣歷史音樂採集」專題講座，在主講人王信凱的細心聆聽比對之下，意外揭露了「風潮唱片」於二〇〇〇年出版發行、許常惠和吳榮順擔任製作人的《山城走唱：陳達・月琴・台灣民歌》這張專輯，其中收錄第一、二軌陳達以月琴彈唱的〈思想起〉和〈五孔小調轉思想起〉兩首歌曲，許常惠編造其錄音時間為一九六一至一九六七年，實際上卻是來自一九七七年四月二十日由許常惠創立「中國民族音樂研究中心」策畫舉辦的第一屆「中國民間樂人音樂會」現場實況錄音，隨後即由「洪建全教育文教基金會」製作成黑膠唱片發行。

據悉，呂炳川亦曾在當年的「中國民間樂人音樂會」現場進行錄音採集，且同樣也採錄了陳達以月琴彈唱〈五孔小調轉思想起〉的聲音實況，並收入在一九七八年日本「勝利唱片公司」（Victor Records）委託呂炳川製作出版的《台灣漢民族の音樂》這套專輯。根據「古殿樂藏」殿主的聆聽比對與推測，在《第一屆中國民間樂人音樂會》這張現場實況專輯所收錄的陳達彈唱，很有可能也是呂炳川的錄音。

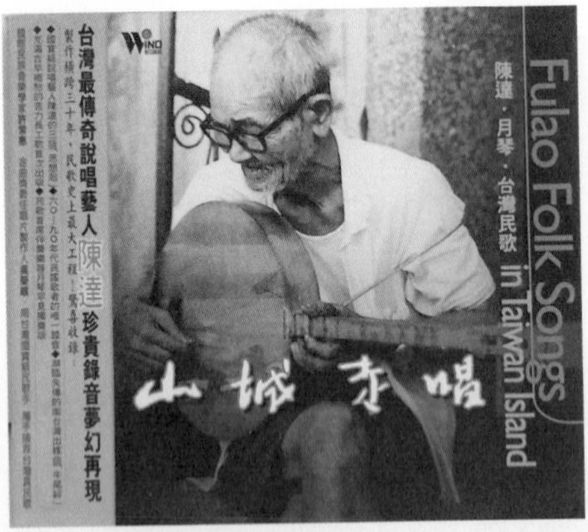

二〇〇〇年風潮唱片出版《山城走唱》專輯收入〈思想起〉和〈五孔小調轉思想起〉兩首陳達月琴彈唱，許常惠編造其錄音時間為一九六一至一九六七年，實際上卻是一九七七年四月二十日第一屆「中國民間樂人音樂會」現場實況。（古殿樂藏提供）

除此之外，民族音樂學者陳俊斌在〈「民歌」再思考：從《重返部落》談起〉文中指出，一九七九年由「第一唱片廠」發行、許常惠擔任編輯製作的《台灣山胞的音樂——卑南族與雅美族民歌》（中國民俗音樂專集第四輯），這張唱片收錄的歌曲內容並非如封面宣稱「From live recording in their villages」是在當地部落的田野採集，而是在錄音室錄製[6]。換言之，這又是另一樁許常惠試圖以「錄音室剪輯」魚目混珠謊稱「現地錄音」的學術欺瞞。

不可諱言，許常惠一生好酒、浪漫多情，個性放達不羈。儘管在私生活方面有著些許缺陷，卻無庸置疑是個相當具有人格魅力的（藝術家）作曲家，也是一個懂得激發引領群眾熱情與想像的社會運動家、熟諳媒體宣傳的文化推廣者，同時更是對待身旁學生和朋友不乏真誠關愛的長輩恩師。

然而，在「民族音樂學」的投入心態和學術倫理上，正由於他太過在意自己的名氣與地位，所以老是遮遮掩掩，生前也一直遲遲不肯全盤公

6 參考陳俊斌，2012，〈「民歌」再思考：從《重返部落》談起〉，《民俗曲藝》第178期，頁254，註42說明：我曾在許常惠採集卑南族民歌的南王部落將這張唱片播放給當地卑南族人聽，曾經參與該唱片錄音的南靜玉和吳林玉蘭等人很明確地表示，當時是許常惠找他們去錄音室錄這張唱片的。

一九七九年許常惠擔任編輯製作的《台灣山胞的音樂—卑南族與雅美族民歌》唱片所收錄歌曲內容並非如封面宣稱「From live recording in their villages」是在田野現場採集，而是在錄音室錄製。（古殿樂藏提供）

呂炳川亦曾在一九七七年第一屆「中國民間樂人音樂會」採錄陳達彈唱〈五孔小調轉思想起〉的現場實況，並且收入在一九七八年日本「勝利唱片公司」（Victor Records）委託呂炳川製作出版的《台灣漢民族の音樂》這套專輯。（作者收藏翻拍）

布當年他本人從事民歌採集的相關史料。很顯然，許常惠並不是一個可以適合拿來當作傑出研究典範的音樂學者。

晚年的許常惠，作為當時台灣碩果僅存的音樂界大老，又是國策顧問，地位尊崇，但其結果就像邱坤良在為許氏作傳《昨自海上來》書中坦言：「常使他身不由己地被拱推到高處，供人膜拜」[7]。

我想起不久前，聽聞前輩學者梁景峰曾在某一次聚會場合的閒聊中感嘆：如今的許常惠已被民族音樂學界供在神壇上，但那些年輕一輩在他過世之後、對待他的音樂作品卻普遍很冷淡，通常都是難得要在少數特殊的紀念音樂會時才會演奏，而且演奏出來也都沒什麼熱情。至此，梁老師不免覺得有些感傷。

著名樂評家暨文學理論家薩依德（Edward W. Said）曾經說過：「有不少教師、作家和知識分子很想養成一些追隨者。我從來都沒對這件事感興趣過。如果身為教師，我覺得自己最能做的，就是讓學生批評我——但不是真的攻擊我，雖然有很多人是如此，而是讓他們不受我所左右，走自己的路」[8]。作為許常惠的學生輩諸眾，或許

7 參考邱坤良，1997，《昨自海上來：許常惠的生命之歌》，台北：時報文化，頁14。

8 參考2006年吳家恆翻譯，薩依德與巴倫波因對談錄《並行與弔詭：當知識份子遇上音樂家》，台北：麥田出版社，頁104。

也可以從中得到一些啟發吧！

古希臘先哲亞里士多德（Aristotle）嘗言：「吾愛吾師，吾更愛真理」。意指老師的角色，往往只是知識探索的播種者，並不全然代表知識的權威。若是不敢挑戰權威，無法跳脫如近親繁殖「許常惠師」類型論文的思想框架、自我圈養在一間名為「音樂學」的溫室裡，整體學術環境也就無法創新進步。所謂後浪推前浪，敬愛自己的老師，就應該更要能夠框正自己老師的過失。

有時我們也能隱約意識到，在這高度講求體制分工的學術社群裡，似乎少了些相互爭鳴的生命力，卻總給人一種該死的安全感。畢竟大家都在圈內混，彼此都不想得罪人。這也正如漢娜・鄂蘭（Hannah Arendt）所指稱：對歷史傷痛的無知、對師友過錯的無感、對自身責任的無視、對獨立思考的無能、對是非善惡的無謂，種種因素累加起來構成了一種「平庸之惡」（the Banality of Evil）。但無論是強調師承或者研究歷史，我以為最重要的，就是把對方當成一個活生生的「人」來看待，而不是供為「偉人」或「神」。

——（本文原刊於2021年5月7日《聯合報》「鳴人堂」專欄。）

家圖書館出版品預行編目（CIP）資料

藝術與書的懷舊未來式 / 李志銘作 . -- 初版 . -- 臺北市：蔚藍文化出版股份有限公司 , 2022.09
面；　公分
ISBN 978-986-5504-82-3（平裝）

1. CST：社會史　2. CST：臺灣

540.933　111009622

藝術與書的懷舊未來式

作　　者／李志銘
發 行 人／林宜澐
總 編 輯／廖志墭
執行編輯／林韋聿
編輯協力／潘翰德
封面設計／陳璿安 chenhsuan.com
內文排版／藍天圖物宣字社

出　　版／蔚藍文化出版股份有限公司
地址：110 台北市信義區基隆路一段 176 號 5 樓之 1
電話：02-2243-1897
臉書：https://www.facebook.com/AZUREPUBLISH/
讀者服務信箱：azurebks@gmail.com

總 經 銷／大和書報圖書股份有限公司
地址：24890 新北市新莊區五工五路 2 號
電話：02-8990-2588
法律顧問／眾律國際法律事務所　著作權律師／范國華律師
電話：02-2759-5585　網站：www.zoomlaw.net

印　　刷／世和印製企業有限公司
定　　價／新臺幣 680 元
初版一刷／ 2022 年 9 月